JN081516

教育工学選書II 6

教育工学における 大学教育研究

日本教育工学会 監修
村上正行・田口真奈 編著

ミネルヴァ書房

教育工学における大学教育研究

目 次

第2部　教員支援を目的とした実践研究

第3部 組織改善と学習環境の構築を目的とした実践研究

教育工学における大学教育研究の歴史と展開

村上正行・田口真奈

1　教育工学が目指す大学教育研究

　近年，大学に対する社会的な要求は年々高まっており，大学教育に関心が集まるようになった。文部科学省の施策も FD（Faculty Development）を1999年に努力義務化し，2008年には全学位課程において義務化するなど，大学教育の改善への取り組みを後押ししてきた。2012年の文部科学省中教審答申「新たな未来を築くための大学教育の質的転換に向けて〜生涯学び続け，主体的に考える力を育成する大学へ〜」（文部科学省 2012）では，若者や学生の「生涯学び続け，どんな環境においても"答えのない問題"に最善解を導くことができる能力」を育成することが，大学教育の直面する大きな目標だとされており，主体的な学習能力の獲得や学習時間の確保などが求められている。

　教育工学は「教育改善のための理論，方法，環境設定に関する研究開発を行い，実践に貢献する学際的な研究分野であり，教育の効果あるいは効率を高めるための様々な工夫を具体的な実現し，成果を上げる技術を，開発し，体系化する学」（教育工学辞典 2000）であり，以下のような特徴をもつ。

　（1）時代と共に，テーマが移っていく
　（2）教育政策と連動して，移っている
　（3）研究方法も，時代と共に移っていく
　（4）授業に関わるテーマを追求する
　（5）教育実践を，重視する
　（6）道具を，持ち込む
　（7）教育に，役立つ

（赤堀侃司第５代会長による2007年のニュースレター「教育工学研究の特性と
今後の展開について」より）

　これらを踏まえて考えれば，教育工学研究者は，大学教育の改善や FD と
いう現代的なテーマについて，教育政策も踏まえながら，実践を通した研究を
行うことが求められているといえる。新たなテーマ・フィールドで，これまで
に積み上げられてきた理論に基づいて実践を積み重ね，その実践を分析・検討
することで，またさらに，理論構築を行っていくことが期待されているといえ
るだろう。

　本書は大学教育や FD といった新しいフィールドにおいて，これまでどの
ような実践研究が積み重ねられてきたのか，何を明らかにし何が課題として
残っているのかを網羅的に紹介するために編まれた。

　本章では，まず，教育工学分野において大学教育を対象とした研究が実施さ
れるようになった経緯について説明した上で，その研究内容を概観し，最後に
本書の構成を述べる。

2　日本における大学教育研究の歴史的経緯

　日本において大学教育が研究の対象として取り上げられるようになった背景
としては，まず，日本の大学における進学率の上昇およびそれに伴う大学の質
的な変容があげられるだろう。マーチン・トロウ (1976) は，大学への進学率
によって高等教育の特徴が，エリート段階（進学率15％未満），マス段階（進
学率15％〜50％），ユニバーサル段階（進学率50％以上）という３つの段階に
分類できるとしている。文部科学省の中央教育審議会大学分科会大学教育部会
で示された「18歳人口及び高等教育機関への入学者数・進学率等の推移」によ
れば，18歳人口は1992（平成４）年の205万人をピークに減少し続けており，
2014（平成26）年には118万人となっている。これに対して，進学率は年々上昇
を続けており，2014（平成26）年には大学・短大への進学率が56.7％となって
いる。また，日本私立学校振興・共済事業団の調査によれば，2014年時点で私

立大学の45.8％，短期大学では64.7％が定員割れ（入学定員充足率が100％未満）を起こしている。こうした数の変化が大学の質の変化を生み，こうした状況が進むにつれて，大学における教育方法，授業内容の重要性が指摘されるようになってきたのである。

　すでに述べたように，こうした変化を受けて，文部科学省は大学改革の推進を促す政策を進めてきた。1998年に文部科学省中央教育審議会大学審議会の答申「21世紀の大学像と今後の改革方策について─競争的環境の中で個性が輝く大学─」において，(1)教育研究の質の向上，(2)教育研究システムの柔構造化，(3)組織運営体制の整備，(4)多元的な評価システムの確立，という4つの基本理念に沿って制度を見直すことが求められた。2002年に世界的な研究教育拠点の形成を支援する「21世紀 COE プログラム」が始まったのに続き，2003年から「特色ある大学教育支援プログラム（特色 GP）」が開始された。その後，2004年からは現代的教育ニーズ取組支援プログラム（現代 GP），2009年から大学教育・学生支援推進事業大学教育推進プログラム，2014年度から大学教育再生加速プログラム（AP）がそれぞれ開始され，継続的に競争的な教育資金に基づくプログラムが展開されている。各大学は，このような教育改革に関する競争的資金の獲得を目指し，プログラムを企画・運営しながら，教育改善の施策を進めていくようになっていった。教育プログラムの設計や実践，改善に関する取り組みを行うだけではなく，それらの取り組みを客観的に評価し，実践で活用できる知見が求められるようになったことは，大学教育研究の進展を後押しした。

　1998年の文部省大学審議会の答申「21世紀の大学像と今後の改革方策について─競争的環境の中で個性が輝く大学─」において「各大学は，個々の教員の教育内容・方法の改善のため，全学的にあるいは学部・学科全体で，それぞれの大学等の理念・目標や教育内容・方法についての組織的な研究・研修（ファカルティ・ディベロップメント）の実施に努めるものとする旨を大学設置基準において明確にすることが必要である。なお，個々の授業の質の向上を図るに当たっては，シラバスの充実等の取組が重要である。」と指摘されたことをうけ，1999年に FD が努力義務化された。このこともまた，大学教育の

改善にかかわる取り組みへの関心や，大学の授業を対象とした研究の増加につながった。FD はその後，2007年に大学設置規準第25条の2が「授業の内容及び方法の改善を図るための組織的な研修及び研究を実施するものとする」と改正され，2007年から大学院で，2008年からは大学において義務化されることとなった。

　FD の定義は様々であるが，2008年の中教審答申（「学士課程教育の構築に向けて」）では「教員が授業内容・方法を改善し向上させるための組織的な取組の総称」と定義されている。有本（2005）は，FD を「教授団の資質改善・開発」と捉え，狭義としては，主に諸機能の中の教育に焦点を合わせたものであり，教育に関する FD は総論的には教育の規範構造，内容（専門教育と教養教育），カリキュラム，技術などに関する教授団の資質の改善を意味する」としている。これに対して，広義の FD は「広く研究，教育，社会的サービス，管理運営の各側面の機能の開発であり，それらを包括する組織体と教授職の両方の自己点検・評価を含むもの」としている。

　このように FD が広く組織的に実施されるようになったことに伴い，授業改善や大学教育に関する業務を FD 委員会や教務委員会などの委員会レベルで担当するだけではなく，専門に担当する人員を配置した大学教育センターを設立する大学が，国公立を中心に増加してきた。こうした FD 担当組織に配置された若手 FD 担当者を対象にした調査研究（田口ほか 2012）などからも，これらの組織が大学教育の実践や改善，FD に関する研究を行っていく推進力になっていることが明らかになっている。

　このような背景から，現在では，授業改善や教育プログラムの評価など大学教育に関する研究が進められるようになってきている。また，その成果の報告や議論を行う場も提供されるようになってきており，たとえば，大学教育学会や高等教育学会など学術学会の全国大会，京都大学高等教育研究開発推進センターが主催する大学教育研究フォーラム，大学コンソーシアム京都が主催するFD フォーラムなどが例として挙げられる。こうした場では大学教育や授業改善に関する多くの発表がなされており，全国から多数の大学教員が参加している。

3　日本教育工学会における大学教育研究の動向

　日本教育工学会における大学教育を対象にした研究を概観してみると，まず
はコンピュータを活用した教育としての CAI（Computer Assisted Instruction）
研究を挙げることができる。日本教育工学会第 1 回大会（教育工学関連学協会
第 1 回全国大会）では，電気回路演習の基礎的問題を学生が効率よく学習でき
るような CAI システムの試作（竹本 1985），大学工学部土木工学科の主要科目
の 1 つである構造力学の学習を支援するシステムの設計（吉原・辻 1985）など，
複数の CAI 研究，CMI（Computer managed Instruction）研究が報告されている。
また，日本教育工学会の大会で初めて「高等教育」というセッションが設けら
れたのも，1988年第 4 回大会（第 2 回全国大会）における CAI 研究の一部会
であった。大学教育を対象にした研究は，学会設立当初から行われていたとい
えるが，その当時は理工学系を対象とした開発研究が中心で，教育改善に関わ
る学生の評価や教育効果の測定にはあまり焦点が当てられていなかった。

　第 2 節で述べたように1990年代に入って大学教育改革が進められるようにな
り，大学における教育そのものに目が向けられるようになっていくと，高等教
育は教育工学の中でも重要テーマの一つとして取り上げられるようになって
いった。1989年に課題研究として「大学における教育工学関連授業の内容と方
法」，1992年に「大学における自己点検」というセッションが設けられている。
1994年には「大学における自己評価」がフォーラムのテーマになるなど，その
取り上げられ方は大きくなってきたといえる。

　日本教育工学会において，初等中等教育の授業研究は多数なされてきていた
が，大学の授業そのものに焦点が当てられるようになったのは，メディア教育
開発センターを中心とした「教授学習過程の映像化による大学授業改善の研
究」（たとえば伊藤ら 1996 など）に関する一連の研究が報告された1996年頃から
だと考えられる。この後も高等教育に関するセッションが置かれ，授業に関す
る多様な発表が行われるようになってきた。発表されている内容としては，大
学のユニバーサル化に対応するための初年次教育，主体的な学習を目指したア

クティブラーニングや PBL，ICT を活用した授業や反転授業など，教育方法やカリキュラムに関する研究から教育実践，教育評価に関する研究など多岐にわたっている。

　また先述したように，2000年代において大学教育センターの設立が進んだが，そこでは教育工学の研究者が専任スタッフとして着任するケースが多く見られた。それは，教育工学が実践に基づいた研究を行っていること，これまでの初等教育における授業研究やカリキュラム開発などの知見や経験が，大学教育の改善や設計に活用できることが期待されたことなどが理由として考えられる。このような研究者が中心となって大学教育に関する研究を進めており，授業改善に関する研究に加え，教員を支援する研究として，授業アンケートや教育データ分析の研究，プレ FD や初任教員研修などの実践を対象とした研究も行われるようになってきた。

　一方，教育工学分野における学習環境のデザインに関する研究知見が，大学の教室空間の設計や活動のデザイン，ラーニング・コモンズに関する研究などへと応用されるようになってきた。加えて，LMS などの情報環境の整備が進むにつれ，それを活用した教育改善に関する研究などもみられるようになった。

　このような背景から，論文誌にも大学を対象にした研究が多く掲載されるようになってきた。日本教育工学会論文誌においては2012年度に「高等教育とFD」という特集号が発行され，13本の論文が掲載されている。その後，2013年度から2017年度の 5 年間に掲載された論文・資料168本のうち，大学を対象にしているものは87本，大学教育や授業を対象にしているものは57本と，高い割合であった。

　こうした研究を実施し，論文誌に収録するだけではなく，日本教育工学会は大学教育の改善，FD に関する取り組みとして，2008年度より教育工学の知見を活かした FD 研修会を実施している。毎年30名前後が研修を受けており，レポートを提出した参加者には認定証が発行されている。さらに研修会の運営ができる人材育成のためのファシリテーター研修も合わせて実施している（その成果は教育工学選書「大学教育改善とインストラクショナルデザイン」にまとめられているので，参考にしていただきたい）。現在では，2014年度より設

立された SIG（Special Interest Group）として，SIG-01 高等教育・FD が研究会
などを中心とした活動を行っている。

4　大学教育を対象とした教育工学研究

　以上述べてきたように，大学教育や FD を対象とした研究は多く実施され
てきている。本節ではそれを大きく，授業改善を目的とした実践研究，教員支
援を目的とした実践研究，組織改善と学習環境の構築を目的とした実践研究の
3 つに分け，それぞれ特徴的な研究を紹介しよう。

4.1　授業改善を目的とした実践研究

　大学における授業改善を目的とした研究は，初等中等教育における授業研究
を行ってきた教育工学の知見を大いに活用できる分野であるといえるだろう。
大学教育においては，主体的な学習を目指したアクティブラーニングや PBL
が実践されるようになり，その有効性などが検証されている。たとえば，辻・
杉山（2016）は，同一科目について，従来の座学形式とアクティブラーニング
（AL）形式で開講した場合，AL 形式において学習者の自学自習の意欲が高く，
実際に自学自習が行われていること，両形式において最終的な理解度に差は見
られないが，AL 形式の授業では，自学自習への動機づけが維持される効果が
期待されることを明らかにしている。また，大山・田口（2013）は，アクティ
ブラーニング型授業においてよく実施されるグループ学習について，グループ
学習の前と後に学習活動を行うかどうかという観点から，グループ学習を交流
型，意見獲得型，課題解決型，主張交換型，理解進化型，集約型の 6 つに類型
化し，その特徴に応じた授業設計が必要であることを述べている。

　大学教育では，近年，ユニバーサル化に対応するために初年次教育が行われ
るようになっており，学生はそこで大学で必要な学習スキルを習得し，自律的
に学習に取り組めるようになることが求められている。遠海ら（2012）は初年
次教育において学生の自律的な学習態度を培うことを目指し，学生の意見を取
り入れてルーブリックを作成する実践を行っている。

ICT 活用教育は，教育工学では多くの研究が行われてきているが，大学教育においてもまた，様々な新しい教育方法についての実践や分析，有効性に関する研究がなされている。ICT を活用することで可能となった新しい授業形態である反転授業は，ビデオ教材などで事前学習を行い，対面講義でその理解を深めたり，理解を確実にしたりすることが目指された授業方法であり，完全習得学習型と高次能力育成型の2種類に分けることができる。塙（2017）は，完全習得学習型の反転授業において，学習時間の増加，学生の授業への関与の増加，学生間のインタラクションの活性化，学生自身の主観的理解度の向上，成績の上昇などの効果があることを報告している。

他者や社会にとって役に立つ活動（サービス）を通した学習であるサービスラーニングもまた，近年，その教育方法が模索されている教育プログラムであるといえる。サービスラーニングは，学生が実社会での活動において地域の人々と交流・協働することを通して主体的に学ぶことができる利点に加え，地域に対してもサービスを通した利益が生じる教育プログラムである。杉原ら（2015）は，大学初年次教養教育科目としてのサービスラーニングにおける現地での活動の質の向上という課題に対し，地域住民とともに活動を行う参与型の実践，評価者に地域住民も加わる実践，地域住民と教員が協働で評価基準を開発・活用するケースについて，評価基準の協働作成と学生への提示の有効性を示している。

4.2　教員支援を目的とした実践研究

FD の取り組みにおいては，教員をどのように支援していくかが重要となってくる。近年，様々な教授・学習に関するデータの取得が可能になってきたことから，教育データ分析に基づいた教員支援の試みがなされるようになってきている。たとえば，緒方（2017）は，2013年度から実施されている九州大学での学生の PC 必携化にともない，2014年度からデジタル教材の閲覧ログに基づく教育ビッグデータ利活用の研究を行っており，学習活動の可視化や教育分析の結果を教員へフィードバックすることで，教員の支援を行っている。こうした Learning Analytics（LA）に関する研究は日本でも広がりを見せるように

なってきており，2017年には日本教育工学会論文誌で「教育情報化時代のラーニング・アナリティクス」の特集が組まれている。

　教育改善に直接役立てることができるデータとして，以前から実施されているものに，授業評価アンケートがある。松河ら (2011) は，授業評価アンケートの結果をテキストマイニングによる分析を行ってフィードバックするシステムを開発し，教員支援に役立てている。実際に教員20名が利用したところ，自由記述に含まれる単語と項目の結果との相関ルールを提示するシステムなどが高く評価され，授業改善に有効であるという評価がなされている。

　大学初任教員を対象とした調査（田口ほか 2006）からは，大学初任教員は教育方法について不安に感じていること，研修においては支援方法の検討が課題であることが示されているが，大学初任教員あるいは将来大学教員になる大学院生を対象にした FD 活動は多く大学で実践されるようになっている。重田ら (2012) は，大学初任教員を対象として，ナラティブアプローチの枠組みに基づいた対話ルールに従って，職務の悩みについてオンライン環境で対話できる環境を構築し，対等な立場で行う対話が悩みの解決や対処，実際の行動へとつながっていくことを示した。

　大学院生を対象とした FD は，プレ FD と呼ばれる。京都大学では，全学の大学院生を対象とした「大学院生のための教育実践講座」や文学研究科の OD や PD を対象とした「文学研究科プレ FD プロジェクト」を実施している（田口ほか 2013）。文学研究科プレ FD では文学研究科所属の OD や PD を学部専門科目のリレー講義を担当する非常勤講師として雇用し，授業終了後に実施する授業検討会や研修会を通して授業実践力の形成が目指されている。こうしたプレ FD の取り組みは，東北大学や大阪大学，東京大学など多くの大学で実施されている。

4.3　組織改善と学習環境の構築を目的とした実践研究

　大学教育の改善のためのアプローチは授業そのものに対してだけではない。組織改善を目的とした研究や，大学における学習環境をどのように構築していくかといった研究も進められている。

ICT を活用した組織的な教育改善支援に関する実践として，岩手大学における教育改善のためのシステム「In Assistant」の構築及び運用に関する研究がある（江本 2015）。このシステムの導入により，従来の LMS の機能に加えて，日常的な教育活動を記録することを支援し，「シラバス」と「授業記録」を連携することで，教育改善に活用されており，授業実施における PDCA サイクルを回すことを可能としている。

ICT の活用において，2010年代に入って大学教育に大きなインパクトを与えたのが MOOC（Massive Open Online Courses）である。重田は MOOC の特徴として，「学習コースの無償提供」「認定証の交付」「自主的な受講」「学習コミュニティへの参加」の 4 点を挙げている（重田 2014）。荒ら（2014）は，東京大学が Coursera へ提供した 2 コースから得られたデータの分析を通して，修了証の取得を「受講当初から目指していなかった」と回答した登録者が全体の約半数いたことを指摘し，MOOC の教育効果を評価する際には，修了率だけではなく，受講者のもつ多様性を考慮に入れる必要がある，と指摘している。

大学の組織改善を考える際にデータに基づく検討は必要不可欠である。IR（Institutional Research）は大学の内部質保証が課題となっていることからも注目されており，専門部署を置く大学も見られるようになってきている。近藤・畠中（2016）は，学士課程を通して蓄積される大規模な学修データから，学生の学士課程にわたる学修状態を数理的にモデル化し，これを学修支援へ活用することについて検討しており，1 年次春学期の時点でドロップアウトする学生を50〜60％程度予測できることを示している。

大学における新たな学習環境の整備として，近年，多くの大学においてラーニング・コモンズ（LC）の導入が進んでいる。ラーニング・コモンズは，主として学生を対象とし，学習支援のための設備・施設，人的サービス，資料を総合的にワンストップで提供する学習空間（呑海・溝上 2015）である。ラーニング・コモンズにおいて正課外の主体的な学習活動に参加する学生の参加プロセスを分析した研究では，ラーニング・コモンズの学習環境と結びついた参加動機の高まりからプロジェクトに参加し，活動過程を通した参加度の高まりやプロジェクトへの参加に伴う不安につながっていくというプロセスが見られた

（山本ほか 2017）。

5　本書の構成

本書では，上述した研究を網羅すべく，3 部構成として，以下の章をもうけた。いずれも大学教育を改善することを目指した実践研究に焦点を当てたものである。

第 1 部の授業改善を目的とした実践研究では，グループワーク（第 1 章），PBL（第 2 章），反転授業（第 3 章），授業内における ICT の活用（第 4 章），初年次教育（第 5 章），ゼミナール教育（第 6 章），サービスラーニング（第 7 章）を取り上げた。

第 2 部の教員支援を目的とした実践研究では，授業評価・LA（第 8 章），プレ FD（第 9 章），初任教員研修（第10章）を取り上げた。

第 3 部の組織改善と学習環境の構築を目的とした実践研究では，ICT を活用した組織的な教育改善支援（第11章），IR（第12章），MOOC（第13章），ラーニング・コモンズ（第14章）を取り上げた。

いずれの章においても，日本教育工学会におけるその対象領域のサーベイを行い，高等教育独自の文脈を明確化し，具体的な研究の目的とその結果を紹介することを目指した。各章で述べられている今後の課題は，大学教育研究が今後さらに発展していくために重要な指針となるものであろう。本書が教育工学分野において大学教育の研究に取り組む際に参考になることを期待している。

参考文献

荒優・藤本徹・一色裕里・山内祐平（2014）「MOOC 実証実験の結果と分析」『東京大学大学院情報学環紀要情報学研究』86：83-100.

有本章（2005）『大学教授職と FD──アメリカと日本』東信堂.

呑海沙織・溝上千恵子（2015）「カナダの大学図書館における学習支援空間の歴史的変容」溝上千恵子編著『世界のラーニング・コモンズ』樹村房.

江本理恵（2015）「高等教育機関における大規模かつ持続的な教育支援システムの運用に関する考察」『教育システム情報学会誌』32(1)：111-122.

遠海友紀・岸磨貴子・久保田賢一（2012）「初年次教育における自律的な学習を促すループ

リックの活用」『日本教育工学会論文誌』36(Suppl)：209-212.

塙雅典（2017）「理工系科目における反転授業のデザインと効果」『アクティブラーニング型授業としての反転授業［理論編］』：115-134.

近藤伸彦・畠中利治（2016）「学士課程における大規模データに基づく学修状態のモデル化」『教育システム情報学会誌』33(2)：94-103.

日本教育工学会（2000）『教育工学事典』実教出版.

伊藤秀子・藤田恵璽・三尾忠男（1996）「教授学習過程の映像化による大学の授業改善の研究（1）：授業実践に関する調査と映像記録の分析」『日本教育工学会大会講演論文集12』331-332.

松河秀哉・齊藤貴浩（2011）「データ・テキストマイニングを活用した授業評価アンケートフィードバックシステムの開発と評価」『日本教育工学会論文誌』35(3)：217-226.

文部科学省（2012）『新たな未来を築くための大学教育の質的転換に向けて～生涯学び続け，主体的に考える力を育成する大学へ～（答申）』
https://www.mext.go.jp/b_menu/shingi/chukyo/chukyo0/toushin/1325047.htm（参照日2019年12月19日）

緒方広明（2017）「大学教育におけるラーニング・アナリティクスの導入と研究」『日本教育工学会論文誌』41(3)：221-231.

大山牧子・田口真奈（2013）「大学におけるグループ学習の類型化——アクティブ・ラーニング型授業のコースデザインへの示唆」『日本教育工学会論文誌』37(2)：129-143.

重田勝介・大川内隆朗・舘野泰一・福山佑樹・香川順子・田中さやか・加藤雅則・上田純子（2012）「大学初任者教員が悩みについて対話するオンライン環境を用いた実践と評価」『日本教育工学会論文誌』35(4)：399-409.

重田勝介（2014）『オープンエデュケーション——知の開放は大学教育に何をもたらすか』東京電機大学出版局.

杉原真晃・橋爪孝夫・時任隼平・小田隆治（2015）「サービス・ラーニングにおける現地活動の質の向上–地域住民と大学教員による評価基準の協働的開発」『日本教育工学会論文誌』38(4)：341-350.

田口真奈・出口康夫・京都大学高等教育研究開発推進センター（2013）『未来の大学教員を育てる–京大文学部・プレFDの挑戦』勁草書房.

田口真奈・半澤礼之・杉原真晃・村上正行（2012）「若手FD担当者の業務に対する『やりがい』と『不安』——他部局との連携とキャリア展望の観点から」『日本教育工学会論文誌』36(3)：327-337.

田口真奈・西森年寿・神藤貴昭・中村晃・中原淳（2006）「高等教育機関における初任者を対象としたFDの現状と課題」『日本教育工学会論文誌』30(1)：19-28.

竹本正勝（1985）「パーソナルコンピュータによる電気回路演習用CAI」日本教育工学会第1回全国大会『教育工学関連学協会連合全国大会講演論文集』123-124.

マーチン・トロウ（2000）『高度情報社会の大学』玉川大学出版部.

辻義人・杉山成（2016）「同一科目を対象としたアクティブラーニング授業の効果検証」『日本教育工学会論文誌』40(Suppl)：45-48.

山本良太・中谷良規・明賀豪・巳波弘佳・飯田健司・厚木勝之・山内祐平（2017）「ラーニングコモンズでの主体的学習活動への参加プロセスの分析——正課外のプロジェクト活動へ参加する学生を対象として」『日本教育工学会論文誌』40(4)：301-314.

吉原進・辻邦明（1985）「マイコンによる数式処理システムとその応用例——構造力学へ適用した例」日本教育工学会第1回全国大会『教育工学関連学協会連合全国大会講演論文集』113-114.

第1部
授業改善を目的とした実践研究

第1章

グループ学習

大山牧子

1.1　大学のアクティブラーニングにおけるグループ学習

　「グループ学習」は，誰もがよく知っている教育技法であり，どの教育段階においても古くから活発に実施されている。近年教育改革が盛んに行われている大学教育では，グループ学習がアクティブラーニングの中心的な技法の1つとして位置づけられることが多くなってきた。

　アクティブラーニングは，「一方向的な知識伝達型講義を聴くという（受動的）学習を乗り越える意味での，あらゆる能動的な学習のこと。能動的な学習には，書く・話す・発表するなどの活動への関与と，そこで生じる認知プロセスの外化を伴う」（溝上 2014）と定義される。アクティブラーニングにおける学びのプロセスは，学習者が新しい知識を取り入れて（内化）自分の既有知識や経験と接続させたり，自分の意見を他者に伝えたりする（外化），内化-外化を繰り返すことで深まるとされる（松下 2015）。このような深い学びを得るためには，従来の一方向の講義だけではなく，学習者同士のインタラクションを含むような協調活動や，成果発表などを通して自分の知識や意見を示す表出活動，また活動や経験をふりかえって自分の中で再構築するリフレクションの機会を導入するような授業デザインの工夫が必要とされる（大山・松田 2018）。学生同士の協調活動に代表されるグループ学習は，図1-1に示すように，学習の内化と外化の両側面の促進を担うことからも，アクティブラーニングには欠かせない教育技法といえる。

　近年大学におけるアクティブラーニングの実施状況は，文部科学省の調査（文部科学省 2015）によると，「能動的学修（アクティブラーニング）を効果的

	知識の獲得	協調活動	表出活動	リフレクション
教育技法の事例	講義・講読 等	グループ学習・ディベート 等	プレゼンテーション 等	レポート・大福帳・エッセイ 等

図1-1　アクティブラーニングにおける学びの活動

出典：大山・松田（2018）を改変.

にカリキュラムに組み込むための検討を行う大学数」が523大学（70％）であり，「能動的学修（アクティブラーニング）を取り入れた授業科目の増加を図る大学数」が492大学（66％）【調査対象大学769大学】である結果からも，多くの大学において関心が高まっており，今後も導入が加速すると推察される。グループ学習導入のニーズが高まるなか，個々の大学は FD（Faculty Development）によって新しい教育技法を紹介するようなプログラムを大学教員に提供しようとしているものの，文部科学省の同調査では，FD として「アクティブラーニングを推進するためのワークショップまたは授業検討会を実施する大学数」は320大学（42％）と，半数に至らないことが示されている。グループ学習の効果が期待される一方で，教員自身が受けたことのない形態の授業を実施するにはその手がかりが少ないということも事実である。

　新しい教育技法の導入が推進される時は，いつの時代でもその推進に夢中になり，いつしか学生の学習が置き去りにされてしまう状況に陥ることがある。アクティブラーニングの導入が声高に叫ばれる今こそ，学生の学習を最大限にするために，授業の目的に応じてグループ学習を注意深く導入することが重要となる。グループ学習導入の要請が大きい場合，「とにかく学生同士で話をさせる時間をとる」としてしまうこともあるだろう。グループ学習は，教員の授業中の介入が少ないことが特徴である。教員が「さあ，話をしてください」というと，学生は一見して活発になっているように見えるかもしれない。しかしながら，グループ学習のデザインを十分に考えないままに導入すると，授業が単なるおしゃべり会に陥る可能性が高く，またグループ内で学びの努力に格差が生じ，フリーライダーが発生する恐れがある。それなら，講義型の授業で多

くの知識を伝える方がよほど効果的であろう。アクティブラーニングにおいても，松下（2015）が指摘するように，外的活動（目に見える活動）がどれだけ活発に見えたとしても，内的活動（思考の活動）が活発でないとそれはアクティブラーニングとは言えない。学生の多様な活動を含むような授業は，外的活動と内的活動の両側を照合しながらデザインすることが重要である。そのためには授業目的に応じたデザインが必要であり，それに資するような研究が求められる。

1.2　教育工学におけるグループ学習研究

　教育工学において，グループ学習に関する研究はどのように展開されてきたのだろうか。前述の通り，近年はアクティブラーニングに位置づけられて実践や研究が隆盛となってきたが，アクティブラーニングという言葉がわが国に紹介され始めたのは2007年くらいであり，それほど古いわけではない。しかしながら，グループ学習やそれに類する実践や研究は教育工学研究において古くから積み重ねられてきている。そもそもグループ学習は，「数人数程度を単位とした小集団学習の形態」（山内 2010）と総称としてわかりやすく定義されているが，実際は「グループ学習」とは異なる名前の技法で実施されていることが多い。それらは，学習科学の研究成果として示された方法から，手続きを詳細に示した方法まで多様であり，また短時間で実施できるものから，1つのコースやそれ以上にわたる長期間のものまで存在する。

　たとえば，協同学習・協調学習・CSCL（Computer Supported Collaborative Learning）・PBL（Project Based Learning/ Program Based Learning/ Problem Based Learning）はそれぞれ学習目的が明確であり，概念的定義がなされているものといえる。協同学習（Johnson et al. 1991）は，従来の個人的学習・競争的学習に対して，学生同士または教員と学生が協同的に学びを構築するという目的で開発された。協調学習は，学習科学の知見に基づいて発展してきており，Brown ら（1989）によって学習仲間と共に知識を構築することを目的として構築されてきた。CSCL は，もともとコンピュータの教育利用として盛んに行わ

れていた CAI 研究の学習者の孤立化への批判から生じたものであり（Stahl et al. 2006），主に学習者が協調的に学ぶための足場掛けとなる支援をコンピュータが担うというものである。PBL は主に課題に着目しており，ある事例に基づいて小グループで問題を発見し，資料を収集して解決策を導くものである（ウッズ 2001, Blumenfeld et al. 1991）。これらはそれぞれ，学習研究の系譜に位置づいて発展してきているが，実践において詳細に決められた手順が必ずしも重要視されているわけではない。他方で，クリッカーとテストとディスカッションを組み合わせて行う PI（Peer Instruction）（Mazur 1996），大人数の場で分科会を作り，それぞれアイディアを出した後に全員で情報を共有するバズ学習（杉江 1999），予習ノートの作成と学生同士の共同を組み合わせて行う話し合い LTD 法（安永・須藤 2006），複数でそれぞれ異なる文章を担当して読み，その後互いに勉強してきたことを紹介することで全体像を浮かび上がらせるジグソー法（三宅ほか 2016）のように，それぞれの目的に応じて実践の詳細な手順が示されているものまで幅広くある。

　では，これまで教育工学分野でグループ学習が研究としてどのように進められてきたのかを見てみよう。上記の通りグループ学習といっても，さまざまな技法が存在し，その活用法も多様である。教育工学分野で扱われてきた研究を探るために，J-STAGE の日本教育工学会論文誌内に「グループ学習」とそれに関わるキーワード（グループワーク，協調学習，協同学習，CSCL, PI, PBL，ジグソー法）で和文誌の検索を行い，対象の教育段階，ならびに研究のタイプ（実践研究・開発研究・調査研究）に整理したものを表1-1に示す。なお（　）内はショートレターの数を示している。

　論文誌全体で59本の論文がヒットした。こうしてみると，教育工学研究におけるグループ学習に関連する研究で用いられるキーワードのうち，「協調学習」が最も多い25本（うち10本がショートレター）であることがわかる。これは2009年に特集号「協調学習とネットワーク・コミュニティ」が発刊されたことに影響するが，教育研究における学習科学研究の重要性の波の影響により，多くの研究が積み重ねられてきたことが関連していると推察される。次に，研究のタイプに着目してみよう。便宜的に研究の種類を実践研究，（システム）

表1-1　日本教育工学会論文誌におけるグループのキーワードに基づく研究本数

検索ワード	小学校	中学校	高 校	大 学	その他	計
グループ学習	実践：1	開発：1		実践：2 開発：1 調査：1	実践：1 開発：1	8 (4)
グループワーク			実践：1 開発：1			2
協調学習	実践：2 開発：1 調査：1	開発：1		実践：14 開発：　3 調査：　2	調査：1	25 (10)
協同学習	実践：2	実践：2 開発：1	実践：1			6 (3)
CSCL	実践：2 開発：1	実践：2		実践：4	調査：2	11 (5)
Peer Instruction				実践：1		1
PBL	実践：3				実践：1	4
ジグソー法			実践：2			2

開発研究，（質問紙ならびに文献）調査研究の3つに分類することにした。その結果，全体の論文59本中，実践研究が41本，開発研究が11本，調査研究が7本と，圧倒的に実践を扱った研究が多いことがわかる。グループ学習を導入した新しい授業デザインの構築と，その効果の検証が目的とされるものが多いが，これはグループ学習が，他者と学び合う形として，授業の目的に応じて様々な授業デザインに挑戦できる可能性をもつことを示していると考えられる。最後に研究対象となる教育段階に着目する。こちらは全体の論文59本中，小学校13本，中学校7本，高校5本，大学28本，その他6本の結果が示された。アクティブラーニングという概念が大学で使われ始めたことを考えると，この結果は納得できるものであるが，ベネッセの調査によると（木村 2015）アクティブラーニングの実施率は，小学校→中学校→高校の順に低くなっており，教育工学会のグループ学習に関わる研究の数とも一致する。受験勉強を控えた後期中等教育（高校）では，導入が難しいと言わざるを得ないが，今後の入試制度改革や探求学習の隆盛，また高大接続への関心の高まりに鑑みると，大学教育に

おける教育技法の研究をさらに推進するためにも，中等教育段階でのグループ学習の研究の増幅が期待される。

　ひとえにグループで活動する学習といっても，対象となる研究は非常に幅広く，手続きの詳細が示されたグループ学習から，教員個人が学生同士の活動をデザインするものまで多様に存在する。ここから，授業の伝統的スタイルである講義型の授業を乗り越えるという意味で，様々な方法で実践や研究が積み重ねられてきたことがわかる。

1.3　グループ学習を導入した授業デザイン

　これまで述べてきたように，グループ学習は教育工学研究において，多角的に研究が進められてきた。もちろん何が良いグループ学習かは授業目的によって異なるのだが，個々の教員が実際にグループ学習を導入する際には，大学のカリキュラムの特徴を踏まえた上で，多様なことを考慮しなければならない。授業デザインで考えるべき事柄として，グルーピング・グループ学習の手続き・授業における位置づけ・課題内容の4点が挙げられる。

1.3.1　グルーピング

　グループ学習では，どのような構成のグループにするかというグルーピングによって授業の雰囲気が大きく異なるため，受講生の所属や学年・グループサイズを考慮しなければならない。多様な意見が生成されることを目的とするならば，グループ内で異質な存在をできるだけ取り入れるべく，所属や学年が異なる学生同士をグループにすると良いだろう。また，グループのサイズは，1つのグループ内の人数が多すぎた場合，個人の責任感が薄れてしまうことからフリーライダーが発生しやすくなる恐れがあることから注意が必要である。

1.3.2　グループ学習の手続き

　グループ学習の手続きについては，授業で議論することに未だ慣れていない低学年の場合は特に，冒頭でリーダーや連絡係，記録係といった役割を付与す

ることが効果的である。役割を明確にすることで，離脱しにくい状況を作ることができる。また，「批判的な意見は議論の発展のために重要であるため歓迎するが，人格の否定は絶対にしないこと」というルールを徹底しておくことも議論の活発化には有効である。また，グループ学習を単なるおしゃべり会に陥らせないためにも，グループ学習の成果を個人のレポートや課題，もしくはグループでのプレゼンテーションを通して可視化させる必要がある。そうすることで，学生も目指すべき目標が明確になるだろう。

1.3.3　授業における位置づけ

　グループ学習のデザインは，1コマの授業だけではなく，1つの科目であるコースにおいてどのように位置づけながら導入するかを考えなければならない。まず，グループ学習の配置と連続性について考えてみたい。グループ学習は，毎回の授業で必ず実施すべきというわけではない。グループ学習に時間を割くと，新たな知識を習得する時間が限られてしまうことを考えると，どれくらい議論の時間に割けるのかを踏まえた上で，15回の授業の中で何回程度実施して，それぞれのグループ学習には連続性をもたせるのかどうかを考慮してデザインしなければならない。また，グループ学習の評価は関心が寄せられる課題の1つである。グループ全体を評価したら，グループ内での学習者の努力の差に目をつぶってしまう一方で，個別に評価したら，グループとしての成果が見えなくなるという声が挙がる。これらは，形成的評価と総括的評価に分けて考えるとよいだろう。グループ学習の課題は，1問1答式のテストと異なり，パフォーマンス課題に類するため評価が難しい。ただし，学生自身がどの程度，学習成果を達成したのかを把握することはとても重要であることから，形成的評価として，自己評価や学生同士のピア評価を行ったり，ルーブリックに基づいて，どの程度達成したのかを教員または学生自身でチェックする機能を設けたりすることで個人やグループの評価が可能になる。一方で，それらの成果をどの程度総括的評価として成績に反映させるかは，各授業科目の学習目標に着目して判断するとよいだろう。学習目標の中に，たとえば，「○○について，自分の意見をもつことができる」という記載がある場合，グループ学習におい

て議論する過程で自分の意見を持つことが想定されるが，自分の意見をもつことができたかどうかは，その後のレポート等によって評価できる。したがって，成績評価に入れるかどうかは，学習目標が達成されたかどうかと照らし合わせながら判断することとなる。このように，グループ学習を授業で導入する場合，1つの授業の中でどのように構成するのかを熟慮すると共に，科目の中でどのように位置づけるのかを学習目標と照合させながらデザインすることが重要となる。

1.3.4　課題内容

　グループ学習の課題内容の設定が，学習にとって最も重要であることは自明である。ここでは，課題内容の設定について，グループ学習の事前作業と事後作業の有無やその形式に基づいて，グループ学習の類型化を試みている大山・田口（2013）の論文内容から，目的に応じたグループ学習課題の手続きを紹介する。

　大山・田口（2013）は，大学における32のグループ学習実践事例をグループ学習の前と後に学習活動（事前事後の作業）を行うかどうかに着目して整理しグループ学習を類型化しているが，それぞれのタイプによってグループ学習の目的が異なることを指摘している。事前作業（なし・あり）と事後作業（なし・個人・グループ）という観点でそれぞれ掛け合わせて図1-2のように6つのタイプを提示している。まずはそれぞれのタイプの特徴を見てみよう。

（A）交流型（事前作業：なし，事後作業：なし）

　授業中にグループ学習が始まって，その場で終わるため，授業内容と深く関わる内容というよりはアイスブレイキングなど，他者との交流を意図して行われる。また，新概念を習得する際に，学習者の既有知識や経験に基づいて身近な事例を共有するなど，授業への動機づけも目的とされる。学習内容との関連性が弱いことから，長時間行うとおしゃべり会になってしまうため，留意する必要がある。

		事前作業	
		な　し	あ　り
事後作業	な　し	A：交　流　型	D：主張交換型
	個　人	B：意見獲得型	E：理解深化型
	グループ	C：課題解決型	F：集　約　型

図1‐2　大山・田口（2013）によるグループ学習の類型

（B）意見獲得型（事前作業：なし，事後作業：個人）

　事後作業として課されている個人で取り組むレポート課題などに向けて，その質を高めるために他者の意見を獲得することを目的とする。他者の意見を聞くことで自分の意見を再構成する必要があることから，低学年の場合だと，グループ学習後に意見を整理するための観点を示すようなワークシートなどを配布すると効果的である。ただし，事前作業なしでグループ学習を行うことから，グループ学習中に探索できるリソースは限られているため，単元の導入部など，専門的な知識を必要としない課題内容の際に活用できると考えられる。また，TAなどを配置して，専門知識の補足や議論の筋立てを担ってもらうことも有効であると考えられる。

（C）課題解決型（事前作業：なし，事後作業：グループ）

　グループ学習後に当該メンバーで班発表などの形式でアウトプットを行うが，課題内容の多くが，教員から課された特定の課題に取り組むか，自分たちでテーマ課題を設定してそれに取り組む形式である。すなわち，特定の課題に対して，グループで取り組み課題を解決することが目的とされる。PBLはこのタイプといえる。ここでは，事前作業がないことから，班メンバー間で既有の知識や経験は異なるものの，基本的に同じスタートラインに立って課題に取り組むことが特徴として挙げられる。ただし，成果発表がグループで行われることから，個人の理解や貢献が不可視になりやすい。そのため，予めグループ内で個別に役割を付与するなど，フリーライダーを防止する工夫を講じることが有効である。

（D）主張交換型（事前作業：あり，事後作業：なし）

　グループ学習に臨む前に，まずは個人で何か事前作業を行い進められる。特定の課題に対して，まずは個人で考え，自らの主張を明確にした後にそれらの意見を他者と交換することを目的としている。個人の考えをグループ内で発表するという意味では，グループ学習が成果発表としてのアウトプットの場となることも想定される。そのため，ディスカッションの場が対面だけでなく，Web 上など大勢で行われることもある。一方で個人の理解を確認する意図も有しており，毎回の授業の小さなグループ学習にも活用可能である。たとえば，日本の場合，大人数講義で，「〇〇についてどう考えますか？」と全体に尋ねたとしても，なかなか手は挙がらないのが現状である。短い時間であっても，事前に自分の意見をまとめた上で，グループ（もしくはペア）でのディスカッションに臨むとディスカッションの質が向上すると考えられる。Think, pair and share（Barkley et al. 2005）という技法としても活用されていて，大講義でも手軽に実施できる方法である。ただし，グループ学習の後に作業がないことから，予め準備した主張がどのように変化したのかということをふりかえる機会がないことは注意しなければならないし，教室全体では，他のグループがどんなことを考えたのか，共有する仕組みを作る工夫も必要である。

（E）理解深化型（事前作業：あり，事後作業：個人）

　事前に個人で課題に取り組んだ上でグループ学習を行い，さらに発展させた自分の思考に基づいて個別の課題に取り込むというプロセスである。これは，課された個別課題に取り組むにあたり，理解を深化させて成果物の質を高めるという目的がある。グループ学習はそのスモールステップの1つとして位置づく。課題の推敲作業を他者と共に行うプロセスは，研究者が論文を作成するプロセスとも同様であり，人の目に触れさせることで課題の質は向上すると考えられる。また，課された課題に対して，グループ内でその進捗状況を確認し合うという重要な機能もある。

（F）集約型（事前作業：あり，事後作業：グループ）

　授業において，比較的大きなテーマが設定され，個人が十分に探求した後に，グループで話し合い，班発表などの形式でアウトプットを行うプロセスで進められる。テーマも壮大でプロセスも長いことから，コースにおいて，長期間にわたって取り組まれることが想定される。このタイプは，グループ学習の前に個人がそれぞれ作業を行うが，最終的にグループとして一つの成果物を創るのが特徴であることから，グループ学習中は，それぞれのメンバーの主張を集約の上，合意形成することが求められる。事前作業の努力や既有の知識に格差が生じることも想定される。その格差から，グループ学習へ十分に関与できなくなる学生がフリーライダーに陥る可能性があると考えられる。しかしながら，その格差を逆手にとって，教え合いのシステムを構築することも可能である。グループ学習に入る前に，他者に教えることで学びを得られる重要性を伝えた上で，グループ学習の成果物そのものを教員あるいは他の学生から評価される対象となるようにデザインすることが，動機が高い学生のやる気を削がない工夫となるだろう。また，頻繁な進捗状況の確認を教室全体で行うことで，グループ間の成果物の格差は減らせると考えられる。

　このように，グループ学習の事前・事後に作業を入れるかどうかは，グループ学習の目的によって異なる。特に事前作業については，グループ学習の質を高めるという特徴があることから，短時間であっても導入が効果的である。まずは一人で考える時間を作って，その後他者と意見を共有するという内化‐外化のプロセスをつくることで，大人数の授業であっても幾分意見が出やすくなると考えられる。もちろん，どのタイプにおいても，できるだけ内容に深く関与させるためにリフレクションの機会を設けたり，フリーライダーを防止する仕組みは必要であるが，グループ学習で獲得させたい能力と照らし合わせながらデザインすることが重要である。

1.4　今後の展望

　本章では，大学教育におけるグループ学習について，アクティブラーニング

での位置づけを確認した上で，教育工学領域の研究の現状や，グループ学習の
デザインの留意点について述べてきた。上述の通り，研究ではグループ学習が
もつ，他者と協働して行うという特徴を生かして，学習を深めるための様々な
技法が開発されてきた。新しい技法が開発されることで，その手順等がパッ
ケージ化され普及しやすい形となる。一方で，開発時には，能力獲得のための
目標があるものの，広く普及することでねらいが曖昧になったまま利用される
こともあるだろう。新しい手法の開発と共に，それらがもたらす学習効果につ
いて，検証することが重要であると考えられる。また，近年大学教育において，
授業の目標は，認知的なものにとどまらず，コミュニケーション能力のような
態度やスキルが求められるようになり，グループ学習の必要性が高まってきて
いる。今後も社会状況に応じて，大学の学習目標は大きく変化する可能性があ
るが，そのような目標を達成するための新たな技法の開発研究が期待される。
さらに，グループ学習は，授業内だけでなく，授業外学習と接続しながら進め
る場合が多いことから，ICT の活用も欠かせない。教育工学分野では，協調
学習の普及時にコンピュータが活動を支援する CSCL 研究が盛んになったが，
今後も AR や VR の技術といった最先端の技術がグループ学習を支えること
は容易に想像できる。グループ学習をサポートするような ICT 技術や，それ
らの活用に関する研究も期待される。

　　［付記］本章の内容は大山・田口（2013）の内容を含むものである。

参考文献

Barkley, F. Elizabeth., Cross, K. Patricia. and Major, Claire. H. (2005) *Collaborative Learning Techniques*, John Wiley & Sons, Inc.　安永悟監訳（2005）『協同学習の技法』ナカニシヤ出版.

Bluemenfeld, P. C., Soloway, E., Marx R. W., Krajcik, J. S., Guzdial, M. and Palincsar, A. (1991) "Motivating Project- Based Learning: Sustaining the Doing, Supporting the Learning," *Educational Psychologist*, 26(3 and 4): 369-398.

Brown, J. S., Collins, A., and Dufuid, P. (1989) "Situated cognition and the culture of learning," *Educational Researcher*, 18: 32-42.

Johnson, D. W., Johnson, R. T. and Smith, K. A. (1991) *Active Learning: Cooperation in the college classroom*, Interaction Book Co, Halifax.　関田一彦監訳（2001）『学生参加型の大学授業』玉川大学出版.

木村治生（2015）「小学校・中学校・高校における「アクティブ・ラーニング」の効果と課題」『ベネッセコーポレーション「第5回学習基本調査」報告書』
https://berd.benesse.jp/up_images/research/06_chp0_4.pdf（2019年5月8日参照）

松下佳代（2015）「ディープ・アクティブラーニングへの誘い」松下佳代・京都大学高等教育研究開発推進センター編『ディープ・アクティブラーニング——大学授業を深化させるために』勁草書房：1-27.

Mazur, E. (1996) *Peer Instruction*, Addison-Wesley.

三宅なほみ・東京大学 CoREF・河合塾（2016）『協調学習とは——対話を通して理解を深めるアクティブラーニング型授業』北大路書房.

溝上慎一（2014）『アクティブラーニングと教授学習法パラダイムの転換』東信堂.

文部科学省（2015）「平成27年度の大学における教育内容等の改革状況について（概要）」
http://www.mext.go.jp/a_menu/koutou/daigaku/04052801/__icsFiles/afieldfile/2017/12/13/1398426_1.pdf（2019年5月8日参照）

大山牧子・松田岳士（2018）「アクティブラーニングにおける ICT 活用の動向と展望」『日本教育工学会論文誌』42(3)：211-220.

大山牧子・田口真奈（2013）「大学におけるグループ学習の類型化——アクティブ・ラーニング型授業のコースデザインへの示唆」『日本教育工学会論文誌』37(2)：129-143.

Stahl, G., Koschmann, T. and Suthers, D. D. (2006) "Computer- Supported Collaborative Learning," Sawyer, R. K. (Ed.) *The Cambridge Handbook of The Learning Sciences*, Cambridge University Press, Cambridge：409-425.　沖林洋平訳（2009）『コンピュータ支援による協調学習』森敏昭・秋田喜代美監訳，培風館：326-340.

杉江修治（1999）『バズ学習の研究』風間書房.

Woods, D. R. (1994) *Problem -based Learning : How to Gain the Most from PBL*, W L Griffen Printing, Hamilton.　新道幸恵訳（2001）『Problem-based Learning——判断力を高める主体的学習』医学書院.

山内祐平（2010）「大学の学習空間をデザインする」佐伯胖監修，渡部信一編『学びの認知科学事典』大修館書店：239-249.

安永悟・須藤文（2006）『LTD 話し合い学習法』ナカニシヤ出版.

舘野泰一

第2章

PBL（Project-Based Learning）

2.1 PBL 導入の背景

　近年，高等教育の実践において PBL の導入が進んでいる。その背景には高等教育における「入口」・「出口」両方の議論が関連している。入口の議論とは，ユニバーサル化に関する議論である。初年次教育を中心に，多様化する学生に対してどのような対応をするかを検討するものである。PBL に代表される，経験を重視した学習方法は，こうした学生に対して学習意欲向上や，目的意識をもった自律的な学習者の育成につながることが期待されている（河井・木村 2013）。

　一方，出口の議論とは，高等教育機関を卒業した時点での学生の質保証に関する議論である。「学士力」（中央教育審議会 2008），「社会人基礎力」（経済産業省 2007）などに代表されるように，近年の高等教育では卒業時点で身につけるべき能力が議論されるようになった。これらの能力に共通する点は，高次の思考スキルである。PBL は，ここで示したような能力を身につける手法として期待されている。

　以上示した通り，PBL は高等教育における入口・出口両方の議論において，重要な教育手法となっている。現在すでに高等教育の現場においても，同志社大学，京都産業大学，立教大学などが，PBL を積極的に導入し，成果をあげている。一方，PBL に関する研究知見は現時点では多くの蓄積がなされているとはいえず，今後の研究が求められている。

　そこで本章では，これまでの教育工学における PBL 研究について整理し，PBL に関する今後の研究展望について述べる。具体的には，最初に PBL の特

徴及び定義を明確にする。次に，これまでの研究を，(1) PBL に関するシステム開発研究，(2) PBL を促進・阻害する要因の探究に関する研究，(3) PBL に関する実践研究，という 3 つの視点で整理する。最後に，PBL に関する研究の今後の展望について述べる。

2.2　PBL の特徴及び定義

　PBL の定義は，様々なものがあり，統一的な定義があると言いがたいが，以下に代表的な定義を一つ取り上げる。

　「プロジェクト型学習とは，学習者が複雑な課題を元に自らの活動をデザインする中で，問題解決，意思決定，調査活動を行う問題に基づく活動であり，学習者は授業時間の枠を超えて自発的に活動に従事し，本物に近い活動成果やその報告を行う学習である」（Thomas 2000, 湯浅ほか 2011）。

　湯浅ほか（2011）は，様々な PBL の定義に共通する特徴を以下のようにまとめている。

- 実社会における本質的な問いや問題からスタートする
- プロジェクトがカリキュラムの中心である
- 授業の時間枠を超えた活動が含まれ，問題への答えを探究するためにデザインされている
- 学習者が教師，コミュニティ・メンバー間の協調が要求される
- 学習者は主体的，自主的に活動を取り組むことが求められ，教師はそのためのファシリテーターやコーチとして行動する
- 学生の協調活動や研究，分析の能力を目指すためにテクノロジーを利用する
- プロジェクト成果を実社会に向けて発表するよう求められる

　PBL の特徴を理解するためには，同じく PBL と表記する教育手法である「Problem-Based Learning」と比較するとよい。「Problem-Based Learning」は，もともと医学教育の中で始められた手法で，現実の医療場面に近い状況で学ぶことを通して，問題解決の能力を身につけさせるものであった。この

「Problem-Based Learning」では，「新しい知識の獲得」に主眼が置かれるの
に対して，「Project-Based Learning」では，プロジェクトの成果物が学習目
標の大きな割合を占めるため，「知識の適用」に主眼がおかれるのが特徴であ
る（湯浅ほか 2011）。

　以上示した通り，PBL の定義は広いため，サービスラーニングやインター
ンシップなども含まれるケースがある。しかし，本書ではサービスラーニング
などに関する章があるため，それらは除いた研究群をレビューした。

　以上の点を踏まえ，次に教育工学における PBL 研究を整理する。

2.3　教育工学における PBL に関する研究

2.3.1　先行研究の整理の視点

　PBL は現在まさに高等教育の実践の中に取り入られている教育方法である
ため，現時点での研究の数は少ない。そこで本章では，日本教育工学会論文誌
（ショートレター含む）に掲載された論文だけではなく，日本教育工学会の研
究会に投稿された論文にも触れ，整理を行った。上述した通り，本節ではサー
ビスラーニングなどと明記されている研究は除き，「PBL（Project-Based Learn-
ing)」というキーワードに関連する論文の整理を行った。

　先行研究については，3 つの視点から，研究アプローチ及び年代順に整理を
行った。(1)PBL に関するシステム開発研究，(2)PBL を促進・阻害する要因
の探究に関する研究，(3)PBL に関する教育実践研究，である。以下にその詳
細について述べる。

2.3.2　PBL に関するシステム開発研究

　教育工学研究における PBL に関する初期の研究は，「システム開発研究」
を伴う研究が多く見られた。具体的には，西森ほか（2006），望月ほか（2007），
八重樫ほか（2008）等による一連の研究が挙げられる。

　西森ほか（2006）は，PBL の活動を支援するために，Web ベースのグルー
プウェアである ProBo を開発し，その評価結果について報告を行った。ProBo

を開発した目的は，学生に PBL を進める上での活動の見通しを与え，個人・グループ・クラス間でのグループワークの進行状況と結果の共有を促すことである。具体的な機能として，TODO リスト，スケジュール，ファイル共有などを実装した。望月ら（2007）は，この ProBo と連携するソフトウェアとして，ProBoPortable を開発した。ProBoPortable は，携帯電話の待ち受け画面上で動作するソフトウェアである。学習者とタスクは，荷物をかたづける倉庫番と倉庫の荷物のメタファで表示され，これにより分業の状況を理解することができる。八重樫ら（2008）では，ProBoPortable に「クラス全体や他グループ」に関する状況を表示する機能を取り入れることで，グループ活動をより円滑に進められるような環境を構築した。

　これらの一連の研究では，高等教育における PBL における，(1)時空間の確保が難しい問題（初等中等とは異なり授業は週に1回），(2)社会的手抜きに関する問題，に主に対処するものである。

　こうした問題に対して，(1)Web アプリケーションや携帯電話を活用することで，授業時間外における活動の支援を行い，(2)社会的手抜きを防ぐために，加藤（2004）の創発的分業を促す条件である「① 自分の作業状況の把握ができる，② 他者の作業状況の把握ができる，③ 他者が自分の作業状況を把握していることを把握できる」という環境を実現している。

　以上示した通り，教育工学研究における初期の PBL に関する研究では，ICT を活用することで，(1)授業外の学びの環境を作り，(2)作業プロセスの可視化をすることで，グループワークにおける創発的分業を支援する研究がなされてきたといえる。

2.3.3　PBL を促進・阻害する要因の探究に関する研究

　次に示す研究は，PBL を促進・阻害する要因の探究に関する研究である。奥本・岩瀬（2012）は，システム開発研究でも取り扱われてきた社会的手抜きの現象に着目し，PBL において社会的手抜きが発生する条件と，学習者が自発的に参加する過程について明らかにした。この研究では，2012年に行われた1年間のセミナー実行委員プロジェクトに参加した大学院生20名に対して，半

構造化インタビューを行い，M-GTA による分析を行った。その結果，(1) 社会的手抜きが発生する条件は個人の動機づけだけでなく，集団活動の影響を受けること，(2) 学習者が自発的に活動に参加するためには，個人の行動の可視化や評価ではなく，集団の中の意思決定への参与や，その協力関係の中ではぐくまれていくことを明らかにした。この研究では，自発的参加を促すための条件として，行動の可視化だけでは不十分であることを示しており，さきほど示したシステム開発研究をさらに発展させる視点を含んでいる。

　PBL における一つの共同体（授業やプロジェクトチームなど）の学びではなく，複数の共同体における学びの過程を明らかにしたものに，岸ほか(2010) の研究がある。この研究では，大学院生が地域や企業とコラボレーションする研究プロジェクトに参加する過程について調査を行った。6 名の大学院生に対して半構造化インタビューを行い，M-GTA を使って分析を行った。プロジェクトの十全的参加のプロセスを個人，個人間，共同体の 3 つの側面から分析した結果，院生のプロジェクトへの十全的参加を支えるものが，(1) 多様な立場の他者との共同的な学び合い，(2) 企業や地域社会など大学外の組織と連携した活動，(3) A 研究室の文化の相互作用，であることがわかった。PBL においては複数の共同体が関わり合いながら学ぶ状況は多く，そのような状況における学びのプロセスを明らかにしたという点が重要な視点である。

　以上示した通り，PBL を促進・阻害する要因の探究に関する研究においては，(1) 社会的手抜きに関する研究の発展，(2) 複数の共同体の関わりに関する研究，がなされてきた。両者の研究に共通する点は，(1) 大学院生の研究プロジェクトを取り扱い，(2) インタビューデータを M-GTA を用いて分析していた，という点である。

　この現状を踏まえると，今後大学院生ではなく，大学生（特に PBL に慣れていない初年次の学生）独自の問題がないかなどを検討する必要があると考えられる。さらに，量的な研究アプローチを活用する可能性も示唆されたといえる。

2.4　PBL に関する教育実践研究

　最後に，PBL を取り入れた教育実践研究について述べる。現在までに行われている PBL を取り入れた教育実践に関する研究には 2 つのアプローチがある。

　1 つ目のアプローチは，PBL の総括的評価に関する研究である。具体的には，PBL を取り入れることで，設定した学習目標をクリアすることができたかを検証するものである。たとえば，尾澤ほか (2012) では，大学の授業において，日本語版 Wikipedia の編集を目指す活動を取り入れた PBL を実施した。この実践では，研究活動で必要なスキルの育成を目的として実施した。実践の結果，研究活動で必要となる「文献による根拠づけ」に関するスキルの習得につながったことが示されている。こうした研究アプローチでは，PBL そのものの効果を検証することが目的である。

　2 つ目のアプローチは，PBL における学びを促進するための積極的な介入を行う研究である。具体的には，PBL において起こりうる問題を想定し，その問題を解決するための新たな介入を行い，その効果の検証を行うものである。高嶋ほか (2011) は，大学におけるプロジェクトマネジメント教育の中で，ロールプレイ演習形式の PBL を取り入れた実践を行った。この研究では，対面で行われる PBL の問題を解消するために，オンラインロールプレイ演習の環境と，メンターとして演習に関するソフトウェアエージェントを構築し，その評価を行っている。

　大島ほか (2013) では，PBL において学習者が「グループ活動を形成的に分析・評価することを支援する」授業デザインの検討を行っている。PBL における学びを深めるためには，学習活動の認知的な問題だけに着目するだけでなく，社会的支援を行うことが必要という点から，グループ活動そのものを学習者が振り返ることの支援を行った。その結果，(1) グループ活動を分析・評価するための指標の利用や学習目標に対する理解の向上，(2) 主体性の向上，が明らかになるとともに，(3) プロジェクトの成果物の質は，必ずしも理解の程

度を反映しないこと，が明らかになった。

　2つのアプローチについてあらためて整理する。PBL に関する教育実践研究においては，⑴ PBL を導入し総括的評価を行うもの，⑵ PBL で起こりうる問題を対象に，それらを改善するための介入を行い評価するもの，の2つに分けられる。それぞれの研究は，「ある学習目標に対して，PBL という教育手法が有効である」ということと，「PBL における学びを促進するためのデザインの指針」を示すことができると考えられる。

　現在高等教育の現場では PBL の導入が進んでおり，今後は，PBL 導入そのものの評価を行うだけでなく，「PBL で起こりうる問題を対象に，それらを改善するための介入を行い評価する」アプローチの研究が増えることが想定される。そこで次節では，筆者らの研究（舘野・森永 2016）を素材として今後の教育実践研究の方向性について検討する。

2.5　実践研究の事例

2.5.1　概　要

　舘野・森永（2016）の研究では，PBL において，質問を活用した振り返り手法を導入し，その効果について検証した。PBL における学習の効果を得るためには，学習活動の認知的な問題だけに着目するだけでなく，社会的支援を行うことが必要となる（大島ほか 2013）。たとえば，グループワークで，一人に負担が偏りすぎる問題（亀田 1997）や，学生同士が授業時間外に対面でグループワークをする時間の確保が難しいといった問題（西森ほか 2006）が指摘されている。よって，これらの問題を学生が適切に振り返り，改善できるような授業のデザインが必要となる。しかし，グループワークにおいて，どのような振り返りの手法が，学生のどのような問題に対して効果をもつのかについての条件が明らかになっているとはいえない（和栗 2010）。

　そこで本研究では，「質問会議」（清宮 2008）という振り返りの手法を取り入れ，グループワークの振り返りに有効であるか検証を行った。

2.5.2　事例の説明

　本研究で対象とした授業は，立教大学経営学部の「リーダーシップ入門（通称 BL0)」という授業である。この授業は，企業からプロジェクト課題が提示され，その課題にグループワークで取り組むものである。授業は経営学部の1年生387名が受講した。授業は18クラスに分かれ，1クラス約20名の学生で行われる。クラス内でさらに4～5名のグループを作り，プロジェクトに取り組む。授業の流れは表2-1に示した通りである。

　本研究では7回目の「中間振り返り」を目的とした授業に「質問会議」と呼ばれる手法（清宮 2008）を取り入れた。参加者の役割には，アクション・ラーニング・コーチ（ALC），問題提示者，メンバーの3つがある。ALC はファシリテーター役であり，会議の内容には介入せず，会議の進行及び学習過程に対してのみ質問を用いて介入する。問題提示者は，現在自分が抱えている問題を提示する役割である。他のメンバーは問題に対して「質問」をすることができる。提示された問題について，意見やアドバイスではなく「いつからその問題は起こっていますか？」といった質問を通して，問題そのものを掘り下げることが求められる。セッションの進め方は表2-2に示した。ALC は SA（Student Assistant）が担当した。

表2-1　授業の流れ

	内　　容
1	イントロダクション
2	プロジェクト課題発表
3	専門知識の理解1（SWOT 分析）
4	専門知識の理解2（STP 分析）
5	プラン構築
6	中間発表（クラス内発表）
7	中間振り返り（質問会議）
8	プランの再構築
9	2クラス合同発表
10	クラス内プラン発表（予選1）
11	3クラス合同プラン発表（予選2）
12	全クラス合同プラン発表（本選）
13	個人振り返り1
14	グループ振り返り2

表2-2　質問会議の進め方

	内　　容	時間 （分）
1	問題提示	3
2	問題の明確化	20
3	問題の再定義	10
4	解決策の検討	5
5	アクションプランの提示	5
6	質問会議の振り返り	10

2.5.3　分析について

　本研究の分析の視点は，質問を活用した振り返りがグループワークの進め方の改善に役立ったかである。問題提示を行った受講生は78名で，全体の20.2%であった。評価に用いたデータは 3 点である。 1 点目は，質問会議中のワークシート（$n=62$）である。 2 点目は，質問会議後（12回目の本選終了後）に記入したアンケート（$n=353$）である。 3 点目は，質問会議中のプロトコルデータである。

2.5.4　結　果

　最初に質問会議で取り扱われた問題の概要を示す。ワークシートに記入された62グループの問題を，記述内容ごとに 4 つに分類した。問題の 1 つ目は「負荷の偏り」である（14個）。 2 つ目は「メンバーの欠如」である（10個）。グループメンバーが揃わずに困っているといった例が挙げられる。 3 つ目は「ディスカッションの不活性」である（32個）。これは 2 つ目と異なり，グループメンバーは集まるのだが，「ディスカッション中に反対意見がでない」・「時間はかけているが議論が進まない」といった問題のことを指す。 4 つ目は「モチベーションの低下」である（ 6 個）。具体的には「全体のやる気が下がっている」といった問題である。以上から，学生たちの多くは，自分の意見を言うこと（反対意見を含む）に対して困難を抱えていることがわかった。

【グループワークの改善への有効性】

　次に，質問会議がグループワークの振り返りに有効だったかについて検討する。「質問会議が，それ以降のグループワーク（ 7 回目以降）を改善する上で役に立った」について「まったく当てはまらない（ 1 ）」から「非常に当てはまる（ 5 ）」までの 5 件法で尋ねた。結果は，平均値が3.69，標準偏差が1.00であった。 5 件法の回答のうち「 5 と 4 」・「 3 と 2 と 1 」をグループ化し二項検定を行った。その結果，有意な差が見られた（$p<.01$）。この結果から質問会議はグループワークの改善に役に立ったと考えられる。

【グループワークの行動の変化】

　続いて，質問会議後にグループワークにおける行動を変えたのかについて検

討する。「質問会議後にグループワークのやり方や自分の関わり方を変化した点があれば教えてください」という自由記述の設問を設けた（なければ,「なし」と回答）。アンケートの結果を見ると,行動を変えたと報告したのは全体の83.0%（293/353人）だった。具体的な例として,グループワークの具体的な進め方の変化から,反対意見を言うことへの心理的ハードルの変化まで様々な変化が見られた。問題提示者以外のメンバーも,問題提示者と似た問題を抱えているケースが多く,問題解決の参考にしている様子が見られた。

【振り返りに対する質問の役割】

　最後に,振り返りにおける質問の役割について検討する。質問による振り返りが有効な理由として,問題の捉え直しにつながることが挙げられている（清宮 2008）。本授業においても問題の捉え直しにつながっていた事例がある。そのグループでは,学生Aが「自分の意見を上手く表現できない」という問題を提示した。これに対して周りの学生が「意見を言いたくないのはなぜ？」などの質問を行い,学生Aが自分の心境について回答していった。その後に ALC から「問題は明確になってきたか？」と聞かれ,以下のように答えている。

　　学生A「さっきまではこう自分の周りの環境のせいにしていた分があったんですけど,やっぱでも話聞くと,やっぱまだ自分がこう,周りに甘えていたんじゃないかなって思ってて。そこが問題かなと。」（下線は筆者）

　学生Aは質問に回答していく中で,問題の主体を「環境」から「自分」へと捉え直していた。これは1つの事例ではあるが,質問を使った振り返りを行うことで「問題の主体に対する認識の変化」を促す可能性が示された。

2.5.5　今後の PBL に関する教育実践研究への展望

　以上示した通り「PBL での学びを促進するための介入を行う研究」は,「PBL における学びの質をどのように高めるか？」を検討する上で有効である。

　今回の事例では「PBL におけるグループワークの振り返りをどのように行うべきか」という問いに対して,「質問を活用した振り返りを行うこと」の効

果を示したといえる。このような研究知見が蓄積されていくことで，「PBL を導入するか否か」ではなく，「PBL における学びの質をどのように高めるか」という議論を行うことができる。先行研究で示した通り，PBL における学びの質を高めるために，グループプロセスにおける問題に着目し，その問題の解決を行う研究は多く行われている。これらの研究はこれまで教育工学研究の中で蓄積されてきた協調学習・学習科学の知見と密接に関わるものであり，今後さらなる研究が行われていくことが期待される。

　一方，今回示した研究事例（舘野・森永 2016）では，どのような問題を抱えたグループが，どのようなプロセスを経て，どのような行動変容を行うのかといった一連のプロセスについては検討できていない。このように，PBL の評価についての課題は多く残っている。

　たとえば，PBL という手法の特徴は，「プロジェクトの成果物」が学習目標の大きな割合を占める（湯浅ほか 2011）とされており，この点を踏まえると，プロジェクトの成果物を評価するための指標作りや，成果物とグループプロセスの改善との関係などを検討していく必要があると考えられる。また，PBLでは企業と連携することも多く，年度によってプロジェクトの内容が変わることも多いと考えられ，授業デザインの改善の効果を年度比較することが難しいという点が挙げられる。このような評価における問題を解決するために，有賀ほか（2015）による，PBL における学習成果と成功要因の関係の整理の試みや，望月・結城（2015）によるナラティブアプローチの視点を取り入れた評価などが提案されつつある。

　また，近年では尾崎ら（2018）の研究のように，PBL 授業の成功要因と学習成果について，重回帰分析を用いることで明らかにするという研究アプローチが生まれてきている。こうした研究が行われることで，PBL 授業をどのように設計するかについての知見が蓄積され，単発的な授業デザインではなく，継続的な授業の改善につながる可能性がある。

　このように，PBL における教育実践を行っていくとともに，具体的な評価方法の確立及び，理論基板の構築が課題となっているといえる。

2.6　本章のまとめと今後の展望

　本章では，教育工学研究における PBL について述べてきた。高等教育の現場において，PBL は入口・出口両方の議論において重要な役割を担っている。これらの実践に寄与するために，研究知見の蓄積を行うことは急務である。

　PBL に関するこれまでの教育工学研究について，(1)PBL に関するシステム開発研究，(2)PBL を促進・阻害する要因の探究に関する研究，(3)PBL に関する実践研究，という 3 つの視点からまとめた。特に，(3)PBL の実践に関する研究においては，(1)PBL の総括的評価に関する研究，(2)PBL での学びを促進するための介入を行う研究，という 2 つのアプローチに分け，(2)に関する具体的な事例を挙げた。今後高等教育の現場に PBL が導入されることで，PBL に関する総括的評価に加え，具体的な介入方法に関する研究が増えていくと考えられる。これらは「PBL における学びを促進するためのデザインの指針」を示すことにつながる。

　今後，より PBL の研究を発展させていくためには「PBL の設計→学習者のプロセス→アウトプット」という三者の関係をより明確化していく必要がある。これらを行うことで，PBL の研究知見の蓄積及び，授業実践の改善が期待できると考えられる。

参考文献

有賀奨・尾崎剛・広瀬啓雄 (2015)「PBL（Project-Based Learning）における成功要因と学習成果の分析」『日本教育工学会研究報告集』15(1)：155-160.

中央教育審議会 (2008)「学士課程教育の構築に向けて」
　　http://www.mext.go.jp/b_menu/shingi/chukyo/chukyo0/toushin/1217067.htm （2015/9/14）

亀田達也 (1997)『合議の知を求めて——グループの意志決定』共立出版.

河井亨・木村充 (2013)「サービス・ラーニングにおけるリフレクションとラーニング・ブリッジングの役割——立命館大学「地域活性化ボランティア」調査を通じて」『日本教育工学会論文誌』36(4)：419-428.

経済産業省 (2007) 社会人基礎力.
　　http://www.meti.go.jp/policy/kisoryoku/ （2015/9/14）

岸磨貴子・久保田賢一・盛岡浩 (2010)「大学院生の研究プロジェクトへの十全的参加の軌

跡」『日本教育工学会論文誌』33(3)：251-262.

望月俊男・加藤浩・八重樫文・永盛祐介・西森年寿・藤田忍（2007）「ProBoPortable：プロジェクト学習における分業状態を可視化する携帯電話ソフトウェアの開発と評価」『日本教育工学会論文誌』31(2)：199-209.

望月俊男・結城菜摘（2015）「ナラティブアプローチによるプロジェクト学習の評価の試み」『日本教育工学会研究報告集』15(1)：447-450.

西森年寿・加藤浩・望月俊男・八重樫文・久松慎一・尾澤重知（2006）「高等教育におけるグループ課題探究型学習活動を支援するシステムの開発と実践」『日本教育工学会論文誌』29(3)：289-297.

奥本素子・岩瀬峰代（2012）「プロジェクトベースドラーニングにおける自発的行動分析」『日本教育工学会論文誌』36(3)：205-215.

大島律子・湯浅且敏・大島純・上田芳伸（2013）「グループ活動を形成的に分析・評価する授業デザインの検討」『日本教育工学会論文誌』37(1)：23-34.

尾崎剛・広瀬啓雄・市川博・山本芳人（2018）「社会人基礎力の修得を目的とした課題実践型 PBL 授業の継続的改善策の提案」『日本教育工学会論文誌』42(3)：243-253.

尾澤重知・森裕生・江木啓訓（2012）「Wikipedia の編集を取り入れた授業における学習者の投稿行動の特徴と学習効果の検討」『日本教育工学会論文誌』36：41-44.

清宮普美代（2008）『チーム脳にスイッチを入れる！質問会議——なぜ質問だけの会議で生産性が上がるのか？』PHP 研究所.

高嶋章雄・丸山広・野口達也・田口絵里香・廣瀬大輔・中村太一（2011）「ロールプレイ演習における行動履歴に基づく学習評価およびメンターエージェント導入による効果の分析」『日本教育工学会論文誌』35(3)：247-257.

舘野泰一・森永雄太（2016）「産学連携型 PBL 授業における質問を活用した振り返り手法の検討」『日本教育工学会論文誌』39：97-100.

Thomas, J. W. (2000) A review of research on project-based learning. San Rafael, CA：Autodesk.
　　http://www.bobpearlman.org/BestPractices/PBL_Research.pdf

八重樫文・望月俊男・加藤浩・西森年寿・永盛祐介・藤田忍（2008）「デザイン教育の特徴を取り入れたプロジェクト学習支援機能の設計」『日本教育工学会論文誌』31：193-196.

湯浅且敏・大島純・大島律子（2011）「PBL デザインの特徴とその効果の検討」『静岡大学情報学研究』16：15-22.

和栗百恵（2010）「「ふりかえり」と学習——大学教育におけるふりかえり支援のために」『公立教育政策研究所紀要』139：85-98.

第3章

アクティブラーニング型反転授業

森　朋子

3.1　反転授業とは何か

　20世紀後半にアメリカで生まれ，草の根的に広まった反転授業とは，教員による講義などを動画化し，学習者に事前に視聴を促すことを前提に，対面授業では演習やプロジェクト型学習を通じて受講者が主体的に学ぶことを目指す授業形態全般を指す。近年では，MOOC（Massive Open Online Courses）と結びついて新たな教育改革のキーワードとなっている。その形はそもそも Baker（2000）の Classroom Flip から始まったといわれ，その後，高校の化学の教員であった Bergmann と Sams（2012）が Flipped Classroom という用語を使うようになり，より定型的な形を作り上げた。〈flip／ひっくり返す〉という名は，まさに授業で聴いて，自宅学習で宿題を行っていた従来の学習活動を反転させることを的確に表現している。

　反転授業は ICT と深く結びついていることから，なにやら近未来的な教育方法のようにマスコミに取り上げられたりもするがそうではない。これもまた，実践知の積み重ねによって産み出された教育デザインである。学習者の多様化が進む中で，学習者により深い理解をもたらす教育方法の開発を目指して，日々授業改善している教員は少なくない。だからこそ授業担当者の間で広まったともいえる。

　反転授業は，今この瞬間もいろいろな試行が多くの〈教え手〉によって展開されている。教員ではなく，〈教え手〉と呼ぶのは，この手法が今では学校教育に留まらず，様々な学びの場面に拡張していることを受けている。たとえば，公共の場におけるワークショップや企業における研修などもこの中に含まれる。

表3-1　伝統的な授業と反転授業の学習活動対照表

授業の流れ	学生の活動	伝統的な授業デザイン	反転授業のデザイン
事前学習	取り組みの有無	任　意	必　須
	学習活動		動画の視聴
	活動の単位		個　人
授　業	主な活動主体	教　員	学　生
	学習活動	講義の受講	演習・プロジェクト型学習
	学習活動の単位	個　人	仲　間
復　習	取り組みの有無	必　須	任　意
	学習活動	演　習	
	活動の単位	個　人	

授業に限らないその学びの形はすでに名称も反転〈学習〉であろう。ただ本章では主に授業を対象に論を展開することから引き続き反転授業と呼ぶことにしたい。

3.1.1　反転授業はなぜ新しいのか

　反転授業の実践的研究は始まったばかりではあるが，その数は2015年以降，急速に増えている。その反転授業の何が新しいのかを検討するために，大学における反転授業と伝統的な教授中心の授業とを比較してみた（表3-1参照）。

　伝統的な授業は事前学習が必須ではなく，学生はまずは教室という全員が参加する場で教員主体による講義を受ける。その授業では学生同士の相互作用は少なく，あくまでも教員の知識伝達を学生が聴くという形で受け取ることに留まることが大きな特徴だ。そしてその後，宿題という形で授業外にて個人が知識を活用する，というのが学習活動の一連の流れである。

　これが反転授業ではどうであろうか。個人で教員主体の講義を聴く，という活動の後にその知識を定着・活用する活動を行うという流れは，実は伝統的な授業デザインと差はない。学ぶ場所は〈flip／ひっくり返す〉しているが，学びのプロセスの順番は変わらないのだ。ただ場所が違うこと，その意味はとても大きい。まずは，全員が集まる授業という場で何をするのか，という点であ

る。講義を聴くという受動的な活動ではなく，知識を定着，活用する主体的な活動の方により重きを置くのだ。これはこれまでの日本の大学教育改革でも指摘されているアクティブラーニングの必要性と大きく関連があるだろう。さらに授業という仲間が集まるメリットを最大限に活かしている点だ。そのアクティブラーニングという主体的な学びを，クラスメイトとの相互作用の中で行うことによって，深い理解や多様な資質・能力の育成が促される社会的構成主義的な効果が現れるのだ。

　〈教えてから学ぶ〉という活動自体は伝統的な授業と変わらないが，活動する内容に応じて適切な場所に配置するだけで主体的な学びを促進する学習環境が整っていく。この点がまさに新しいといえるのだろう。

3.1.2　高等教育における反転授業

　日本では2012年ごろから高等教育において実践が広がり始めた。その理由としては次の4点考えられる。1つ目は，反転授業が導入しやすい学習環境の整備である。大学内では，すでにeラーニングやブレンド型授業などの基盤となるLMSの導入が進むと同時に，学生も手軽な端末としてスマートフォンを必携するようになった。これでまさにいつでもどこでも学生の都合で〈教える〉をスマートフォンに呼び出すことが可能となり，事前学習のハードルを下げる。2つ目は，教育政策としての単位制度の実質化（注：1単位は，教室等での授業時間と準備学習や復習の時間を合わせて標準45時間の学修を要する教育内容をもって構成されている）を具現化する方法として適したことである。動画を視聴する，をもって実質的な予習時間を確保することが可能になった。3つ目は，教員のニーズにマッチしたことである。反転授業の効果として，学習者の理解が格段に深まった事例がいくつも報告されている（Bergmann & Sams 2012；Khan 2012；塙ほか 2014；森ほか 2014）。そして最後の4つ目が，前述したように大学教育改革におけるアクティブラーニングの文脈にマッチしたことだ。対面授業における学習活動は，まさに学生たちの相互補完的な関わりの中で学びが深まるアクティブラーニングそのものであり，本書では，特にアクティブラーニングの観点から反転授業を考えてみよう。

3.2　アクティブラーニングとしての反転授業

3.2.1　アクティブラーニングと反転授業

　アクティブラーニングは，これまで一方向的に知識伝達を図る講義と対比した形で多く論じられてきた（Bonwell & Eison 1991, Fink 2010）。溝上（2014）は，どの専門家・実践家にも納得してもらえるような定義をすることは不可能であることを前提に，「一方向的な知識伝達型講義を聴くという（受動的）学習を乗り越える意味での，あらゆる能動的な学習のこと。能動的な学習には，書く・話す・発表するなどの活動への関与と，そこで生じる認知プロセスの外化を伴う」と論じている。そもそも Meyers & Jones（1993）が主張するように「学習はそれ自体が能動的なプロセス」であることは，1956年以降，認知科学者が繰り返し行ってきた主張である。つまり学習を喚起するなら，それが講義であっても主体的な学びだということだ。学習者の内省を深める講義は事実多く存在している。ただその内省の状況を講義の中においては教員が見取ることが難しいことも事実だ。そのため，アクティブラーニングは一般的に「認知プロセスの外化」（溝上 2014）を伴うのだ。事実，効果が上がっている反転授業では，対面授業において学習者同士の学び合いや教え合いを基盤とするグループワークを導入するデザインがほとんどであり，そこで見られる学習者の活動は，まさにアクティブラーニングの活動そのものだ。つまり反転授業の高い成果には，アクティブラーニングにおける効果も大きく含まれているといえるだろう。

3.2.2　浮かび上がったアクティブラーニングの課題

　アクティブラーニングが推奨されるなか，課題もいくつか浮き彫りになっている。授業の中での活動では，グループワークに関するものが多い。例を挙げれば，仲間の功績にただ乗りするフリーライダーの存在，またそれを避けるためグループワークの構造化が引き起こす自分の担当箇所のみ理解する偏った理解などである（森ほか 2014）。しかし授業に参与し，実際に学生の学習活動を

研究対象にしている筆者の立場からすれば，学生ばかりが悪いわけではない。多くのグループワークでは，事前にまずはじっくりと自分の考えをまとめてくる時間，いわゆる内化の部分を確保できていない。授業では与えられた課題に対してその場ですぐに考え，アクティブに活動することが求められるのだ。これでは深く理解するための活動というよりも，活動のための活動になる。まさに Wiggins & McTighe（2005）が指摘する「双子の過ち」（松下 2015）である。双子の一方は，手は動かしているが頭は動かしていない状況であり，方法に焦点化された指導デザインである。もう一方は教科書や講義ノートにそった授業で，網羅に焦点を当てた授業デザインだ。言い換えれば，伝統的な授業デザインでは〈教えてから学ぶ〉において〈学ぶ〉の活動を十分に担保できず，アクティブラーニングにおいては〈学ぶという活動〉に重きを置くがゆえに，〈教える〉という認知の部分が欠如する。これら双方を課題と感じる教員たちの努力により，まさに反転授業は，〈教える〉と〈学ぶ〉の調和的なバランスを，予習と復習までを包括したトータルな授業デザインとして産出されたのだろう。

3.3　反転授業の実践の種類

　反転授業にはその授業目的に合わせて2つのタイプがある。知識定着型と能力育成型である。知識定着型はその名のとおり，より知識の定着を目指す授業デザインであり，能力育成型はプロジェクト型学習と組み合わせることで，知識を活用する能力の育成も目指している。山内（2014）では完全習得型と高次能力育成型として説明されている。重ねて記述するが，反転授業はあくまでも現場教員の実践的試行の中から生まれていることから，上記2つの授業タイプの他にもたくさんバリエーションもある。たとえばある授業担当者は，学生に教師による説明の動画を見てチェックテストを行ってくることを事前学習として課し，その上で授業ではもう一度説明するダブル・ティーチング型を行っていた。これはアクティブラーニングを中心に置かない反転授業の1つのやり方ではあるものの，そもそも対面で学生たちが相互補完的に活動はない。本章ではこれらのバリエーションの反転授業は今回除き，アクティブラーニングを基

盤とする知識定着型と能力育成型を取り上げ，事例紹介する。

3.3.1　事例（大学の英語教育）

　2012（平成24）年より，筆者をはじめ数名の研究者が集い，日本の高等教育における反転授業の効果を確かめるべくプロジェクトを進めた。アメリカでは基礎学力の向上や能力の育成に効果があるとされている反転授業だが，カリキュラムも学習観も違う日本の高等教育において，どのような効果があるのかを実際に調査し，そこから実践知を抽出するのがその目的である。35以上もの反転授業が対象となった。学生の質も授業内容も違う実践から生まれる知見が多様であることを前提に，そこから抽出される共通性こそが，日本の大学における反転授業のメタ理論だ。だからこそ他フィールドにも転移可能な反転授業における学習理論が生成されると考えている。その中から1つの事例を紹介しよう。

　反転授業を導入したのは，地方国立A大学で全学の英語教育を担当されている奥田阿子先生である。奥田ら（2015）の研究から概要を報告する。A大学では，授業補助としてeラーニング教材を導入し，2013（平成25）年からはいわゆる教養教育の1，2年生にこの教材を用いた学習を義務づけ，その学習状況を成績評価の一部に組み込んでいる。ただここ数年，授業の対面授業と授業外のeラーニングのブレンド型学習が有機的に機能していない。個々の学生のeラーニングにかける時間のそもそも減少や，eラーニングで課題となる〈見せかけ学習〉が横行している。そこで授業と授業外の往還を再度見直すことを目的に，担当する2つのクラス（総数：64名）で反転授業を導入した。

　授業全体の構造は表3-2の通りである。

　本授業の特徴は，3回から10回までの前半部分は，いわゆる知識をより定着させることを目的とした知識定着型，そして11回から15回は知識を活用する能力育成型という，2つの反転学習の形態を1つの授業の中で取り入れていることだ。このように1つの授業の中で，単元の達成目標に応じて反転授業の方法も対応させていくことは十分にあり得る。前半の知識定着型の場合は，指定されたeラーニング教材を視聴し，わからなかった英単語や聞き取れなかった

表3-2　英語科目の講義内容

講時	講義内容		
第1回	• 反転授業とは何か		
第2回	• 反転授業の事例紹介		
第3回	• 授業前に学習した範囲の内容確認		
第4回	• 授業前に学習した範囲の英単語やフレーズを使用した		
第5回	英作文の作成とピアレビュー		
第6回	• 授業前に学習した範囲の内容確認とリスニング指導	前半	反転授業
第7回	• ロールプレイの台本作成		
第8回	• 撮影に向けた試し撮り，発音練習（ロールプレイで演じるセリフ）		
第9回	• 撮影		
第10回	• 振り返り（個人・グループ），相互評価		
第11回	• 英語学習の目的について考える（個人・グループ）		
第12回	• 「Willpower」について考える（個人，グループ）	後半	
第13回	• 「Willpower」の実験計画を立てる（グループ）		
第14回	• ビデオ撮影に向けた台本作成		
第15回	• 撮影		

出典：奥田・三保・森（2015）より抜粋.

部分をノートに書き出すことを事前学習として課している。授業の中では表3-2にあるように，事前学習を前提に，英作文の作成とピアレビュー評価を行った。後半ではスタンフォード大学 Kelly McGonigal の『Willpower』を教材に，YouTube の講義動画を視聴した上で関連資料に目を通し，ワークシートに取り組んだり理解したことをまとめたりしている。

3.3.2　反転授業の効果を考える

　実際に筆者が授業に参与した際，グループの活動においてはフリーライダーが出ている様子もない。事前学習で個々に構築してきた理解，いわゆる〈わかったつもり〉がワークシートにまとまっており，授業はそれを用いて活動を行う。学生らはそれぞれの〈わかったつもり〉をシェアすることで，活発に意見交換している様子がうかがえた。事前に考えをまとめておくことで，すべて

の学生が発言する内容が手元にあり，その答えにバリエーションがあることが議論を深める要因となっているのだろう。数値として現れる効果としては成績が挙げられる。反転授業導入前の2014年度の実践との比較において，成績の平均値にはさほど大きな差が見られなかったが，不可になる学生の割合が11.1%から4.7%に大きく減少した結果を得た。この傾向は他事例（森 2015）にもみられるものであり，成績下位層に影響を与えることが知識定着型の特徴といえるだろう。

3.3.3　反転授業に対する学生の評価

　事例に挙げた実践も含めて，学生が反転授業をどのように評価しているのか，プレポスト調査のポスト部分における自由記述から読み取ってみた。これは2012年度に行われた反転授業5つ（知識定着型3，能力育成型2）の受講者217名の回答を分析したものである。その効果として学生が挙げたのは，2つのタイプのいずれも同様の項目であった。ベスト5を挙げると，1）予習の大きな効果，2）グループワークの有効さ，3）自分のペースでの学習，4）主体性の向上，5）学習の楽しさ，である。1）と3）は反転授業だからこその項目であり，2）と5）はアクティブラーニングに係るものと考えてよいだろう。4）はどちらにも当てはまる内容である。1）の予習の大きな効果に関してもう少し詳しく見てみると，挙げられている声は，「わからないところを先に見つけておける」や「予習の習慣がついた」などがある。また自分のペースで学習する例としては，「好きなときに視聴できた」や「何度も繰りかえし見た」がある。筆者も意外であったのは，この事前学習用の動画を授業が終わったあとに復習として閲覧する事例もいくつかあったことである。考えてみると，一斉授業であれば教員のペースで授業が進みがちであることから，学生が自らの理解を確認する機会を担保することは難しい環境にあった。でも動画であれば，学生は自らのライフスタイルに合わせて，好きなときに好きな場所にスマホやPC を用いて〈教える〉を繰り返し呼び出せるのである。これはまさに学生が自らの理解，さらには知識構築のために〈教える〉をも道具として活用しているのであり，主体的に学ぶために必要な環境である。一種のアダプティブ・

ラーニング（適応学習）ともいえるだろう。

　しかし学生にとってのデメリットもある。反転授業の改善点として，2つのタイプともに共通で挙げられている課題は予習だ。「予習の負担が大きい」さらには「予習してこないと授業についていけない」などである。このように事前学習の質が学びを大きく左右することは，教える側からも指摘されている（Berrett 2012, 矢野・森 2015）。事前学習の負荷の度合いの程度と，必ず学生が事前に学習してくる仕掛けに関しては，まだまだ実践知が不足しているところであるが，事前学習を行ってこなかった学生に対しては，授業内に別室でまずは動画をみるように促す，またアクティブラーニングの時間を十分に確保することで，その時間内に個人のスマートフォンで閲覧するように指示する事例もある。さらに知識定着型特有の課題として，「正解を教えてほしい」というものも見られた。つまり学生同士の相互活動だけで回答を得ることに不安がある学生がいるということになる。これは常に正解がある，教員が正しい知識を知っている，という学生自身の固定的な授業観の表れてあるともいえる。知識は自らが作り上げるものであるという21世紀型学習観への転換はなかなか難しいようである。

3.4　反転授業がもたらす学びと課題

　佐伯（1975）は，よい学習のあり方として，知識を覚えたら忘れる可逆性ではなく，一度わかったらその状態が続く非可逆性の可能性を論じている。ただ現在の知識基盤社会の現代においては，知識は確定し固定した絶対的なものではなく，新たな情報と結びついてどんどん新たに創り替えられていかなければならない。反転授業は事前学習を必須とすることから，まさにまずは学習者自らが〈教える〉を活用して〈わかったつもり〉を構築するが，アクティブラーニングの学習者同士の教え合い・学び合いの中で，それが揺らぎ，揺さぶられ，躊躇や葛藤の中で自らの〈わかったつもり〉に新たな情報を加え〈わかった〉を手に入れる。まさに現代に必要な学習プロセスを具現化する授業デザインといえるのではないか（図3-1）。

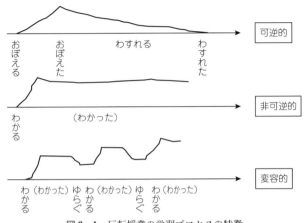

可逆的

おぼえる　おぼえた　わすれる　わすれた

非可逆的

わかる　　（わかった）

変容的

わ（わかった）ゆ　わ（わかった）ゆ　わ（わかった）
か　　　　　ら　か　　　　　ら　か
る　　　　　ぐ　る　　　　　ぐ　る

図3-1　反転授業の学習プロセスの特徴

出典：佐伯（1975）を改変.

　反転授業とは，事前学習で個々人が構築してきた〈わかったつもり〉を対面授業のアクティブラーニングによって〈わかった〉に再構築する学習プロセスを前提としている高度な授業デザインであるといえよう。この反転授業が今後は，授業という教育のミクロ単位から，さらなる広がりを見せている。重田ら（2015）は北海道を舞台に大学間連携においてオープン教材を開発して相互活用することを試みている。全入時代を迎え，大学における協働と競争が今後さらに激化するなか，まさにオープン教材はこの協働部分に当たる。これまで反転授業では授業担当教員が個人的に教材を開発しなければならないことが多かった。この高いハードルを，オープン教材活用によって一気に下げたことから，さらなる実践の導入が広まる可能性が広がった。では競争の部分はなんであろうか。まさにそれが対面授業のアクティブラーニング部分のデザインである。事前学習を必須とし，学生の議論を活発化させるような課題の提示，学士同士の相互活動が活発化するグループ分けなど，教員の教育力が試されるところだろう。このように反転授業が今後も広まるなか，日本の学生にとってはこれまでにない学習負荷であることも忘れてはならない。学士課程におけるカリキュラムのどの部分にいつ反転授業を導入するのか，それを教育の主体である教員同士が話し合うことはまさにFDだろう。

参考文献

Baker, J. W. (2000) "The 'Classroom Flip' : Using web course management tools to become the guide by the side," In J. A. Chambers (Ed.), *Selected papers from the 11th International Conference on College Teaching and Learning*, 9-17, Jacksonville : Florida Community College at Jacksonville.

Bergmann, J. & Sams, A. (2012) *Flip Your Classroom : Reach Every Student in Every Class Every Day*, Intl Society for Technology in Education. バーグマン，J.，サムズ，A.，山内祐平監訳（2014）『反転授業』オデッセイコミュニケーションズ.

Berrett, D. (2012) "How 'flipping' the classroom can improve the traditional lecture," *The Chronicle of Higher Education* : Teaching, February 19, 2012. http://chronicle.com/article/How-Flipping-the-Classroom/130857/（2015/08/17 参照）

Bonwell, C. C., & Eison, J. A. (1991) "Active learning : Creating excitement in the classroom," *ASHE-ERIC Higher Education Report No. 1*, Washington D.C. : The George Washington University, School of Education and Human Development.

Fink, L. D. (2010) "Designing our courses for greater student engagement and better student learning," *Perspectives on Issues in Higher Education*, 13(1) : 3-12.

塙雅典・森澤正之・日永龍彦・田丸恵理子（2014）「反転授業における対面授業の設計と運営の重要性」『日本教育工学会第30回全国大会論文集』: 753-754.

Khan, S. (2012) *The One World Schoolhouse : Education Reimagined*, London : Hodder & Stoughton ; New York : Grand Central. Publishing.

奥田阿子・三保紀裕・森朋子（2015）「新入生を対象とした英語科目における反転授業の導入とその分析結果について」『第21回大学教育研究フォーラム発表論文集』: 192-193. http://www.highedu.kyoto-u.ac.jp/forum/kanri/forum/pdf/20150317183233.pdf（2019/08/17 参照）

佐伯胖（1975）『学びの構造』東洋館出版社.

重田勝介・八木秀文・永嶋知紘・浜田美津・宮崎俊之・島麻里江・小林和也（2015）「MOOC プラットフォームを利用した大学間連携教育と反転授業の導入──北海道内国立大学教養教育連携事業の事例から」『デジタルプラクティス』6(2) : 89-96.

松下佳代（2015）『ディープ・アクティブラーニング──大学授業を進化させるために』勁草書房.

Meyers, C. & Jones, T. B. (1993) *Promoting Active Learning : Strategies for the College Classroom*, Jossey Bass Pub : San Francisco.

溝上慎一（2014）『アクティブラーニングと教授学習パラダイムの転換』東信堂.

森朋子・本田周二・溝上慎一・山内祐平（2014）「アクティブラーニングとしての大学における反転授業」『日本教育工学会第30回全国大会論文集』: 749-750.

森朋子（2015）「反転授業　知識理解と連動したアクティブラーニングのための授業枠組み」松下佳代編『ディープ・アクティブラーニング』勁草書房.

Wiggins, G. & McTighe, J. (2005) *Understanding by design* Expanded 2nd ed., ASDC. ウィギンズ・G.＆マクタイ，J.，西岡加名恵訳（2012）『理解をもたらすカリキュラム

設計——「逆向き設計」の理論と方法』日本標準.

山内祐平（2014）「ブレンディッド・ラーニングの視点から」島根大学反転授業公開研究会
　　基調講演. 当日のレポートは東京大学大学院・情報学環　反転学習社会連携講座 Semi-
　　nar Report に掲載.
　　https://fukutake.iii.u-tokyo.ac.jp/archives/flit/seminar/2014021kk1204kk12042-2.html
　　（2019/08/17 参照）

矢野浩二朗・森朋子（2015）「アクティブラーニングとしての反転授業の効果を検討する実
　　証的研究」『第21回大学教育研究フォーラム発表論文集』：188-189.

第4章

大学教育における ICT 活用

稲葉利江子

4.1 授業内における ICT の活用

近年，ICT を活用した授業改善の取組みが高等教育の現場でも導入されてきている。その1つとして，クリッカーやレスポンスアナライザがある。これらは「教員が出題する多肢選択型質問に対してボタンを押して回答し，リアルタイムでその結果が表示される」という機能から，「学生の理解度の把握」や「学生に最適な授業ペースの把握」を目的に利用されてきている。近年では，それ以外にもリアルタイムフィードバックによる授業改善や学生の授業への興味喚起などの有効性も報告されている（中島 2008）。しかし，クリッカーやレスポンスアナライザの導入には，学生への配布・回収の手間に関する問題や，費用の問題などがある。大規模教室での利用を想定したシステムの導入にはコストがかかるため，導入することが困難な場合が多い。そこで，近年では，教員個人が無料で利用でき，学生のスマートフォンやタブレット端末を用いたクラウド型のサービスも増えてきている。

さらに，近年，高等教育の質を向上させる取り組みが進められており，各教育機関では，Faculty Development の活動が盛んに行われてきている。高等教育の授業における教育環境に注目すると，溝上（1996）は，一方向的に授業を行う「講義型授業」が多いという点を指摘している。さらに，講義型授業においては，学生は質問しない傾向があることが示されており，教員と学生とのコミュニケーションが存在していないことも指摘されている（歓喜・木下1995）。実際，「私立大学教員の授業改善白書」において，大学の40.7%，短期大学の35.9%が「学生が自発的に質問・発言しようとしない」ことが授業で直面して

いる問題点として報告されている（公益社団法人私立大学所法教育協会 2011）。また，講義型授業の問題点として，教員と学生との相互作用が乏しいことがあげられる。Bakhtin（1986）は，他者との相互作用を「対話」という視点から論じ，概念の理解について，自分とは異なる他者との対話を通じて獲得されることと提唱している。つまり，学習とは対話的関係の中で促進されるということである。近年では，対話を促進させるアクティブラーニング型授業の有効性が示され始め，相互教授，協調学習，グループ学習などを取り入れる教員も増えている。しかし，これらは，話し合いや議論などが中心となっており，すべての授業に適用することは困難である。一方，教員と学生とのコミュニケーションに関しては，学生の理解度や意見・質問の把握の手法として，授業内でのミニレポートやミニッツペーパー，大福帳などの手法が知られており，様々な実践がなされてきている。これらの紙ベースの手法は，学生の抵抗感も少なく，導入コストもかからないため，取り組みやすい。しかし，授業 1 コマ単位での回収となるため，授業途中での学生の学習状況を把握することが困難といえる。そこで，LMS やレスポンスアナライザを用いて，コミュニケーションを図る実践がなされてきている。

4.2　発言の自由度が高いレスポンスアナライザの取り組み

　前節の背景から，筆者らは2010年から教員と学生，学生間の対話を促進し，情報共有が図れる教育支援システムとして，携帯端末を用いたレスポンスアナライザの開発・導入を京都大学で試行した（稲葉ほか 2012）。授業中の学生の質問を促進し，教員が学生の質問などをリアルタイムに把握することを目的として，授業中における学生の自由な発言を許容し，かつ少ない負担で質問・意見を表示することができるレスポンスアナライザとなっている。

　本節では，開発したレスポンスアナライザを用いた授業実践について，(1) システムを活用したことによる学生の質問行動への影響，(2) 教員と学生，学生間の相互作用に対する効果の 2 点を中心に，本取り組みについての紹介を行う。

1) 学生の質問行動

　学生は，なぜ授業中に質問をしないのだろうか。学生の質問行動においては，他者からの注目や評価を意識することで様々な心理的状況が起こることが知られている（Dillon 1998）。藤井・山口（2003）は，大学生の授業中の質問行動について，以下の3点が抑制要因として考えられるとした。

　　F1　評価懸念：人前での発言が恥ずかしい，もしくは人からつまらない
　　　　　質問だと思われたくない。

　　F2　周囲からの受け入れ懸念：自分が質問をすることによって，授業進
　　　　　行の邪魔になってしまうのではないか，集団の調和を乱したので
　　　　　はないかと思い，質問を控える。

　　F3　質問作成が困難：何がわからないのかがわからない，質問文を思い
　　　　　つけない，うまく話せないことから質問すること自体を控えてし
　　　　　まう。

　授業中における質問行動を促進するためには，これらの要因への対策が必要となる。F1に対しては，質問をしても恥ずかしい思いをしないように匿名性を確保する対応が考えられる。F2に対しては，質問を共有することにより質問行動が授業に有益であることを示す対応が考えられる。F3に対しては，個人差があるが，質問を共有することにより，学生自体が質問作成を学習する機会を与える対応が考えられる。

　そこで，著者らは，学生の自発的な質問行動に焦点を当て，匿名性を保ちつつ，リアルタイムに質問を共有できる支援ツールの開発を行った。

2) 相互作用による授業改善

　授業改善のために最も重要なことは，学生に対して効果のあるものと，ないものを知ることであり，その評価項目の一つとして「授業に対する学生からの迅速なフィードバック」が示されている（Davis 1993）。近年，大学教育における質保証や学生の学習成果が重視されるようになりつつあり，教育から学習への転換の必要性についても議論がなされている（ノイマン 2009）。そのようななか，学生に主体的な学習を促すことの重要性が高まっている。講義とは本来，

教員と学生の双方向コミュニケーションによって成り立つものといわれている。つまり，講義中には，学生がただ授業を聞くだけでなく，意見や質問をしながら授業を進めていくことの重要性が指摘されている（溝上 2007）。しかしながら，大学教育における一斉講義において学生は質問しないことが前提であり，教員と学生とのコミュニケーションが存在していないことが指摘されている（歓喜・木下1995）。実際，学生は「授業のこの用語は知らない」，「この部分がわからない」，「このトピックについてもっと知りたい」など，様々な疑問や興味を持ちながら授業を聴いていると想像できる。このような学生の疑問や興味に応えることにより，学生の理解が深まり，授業の質が向上し，授業改善につながるのではないだろうか。

4.2.1　発言の自由度が高いレスポンスアナライザ

　筆者らが，開発・導入したレスポンスアナライザの機能について，説明を行う。

1）システム概要

　システムは，① 投稿機能，② 投票機能，③ 表示機能，④ ログ分析機能の4つからなる。投稿機能は，学生が意見・質問を投稿するための機能である。投票機能は，投票された意見・質問に対して学生が投票することができる。表示機能は，投稿された意見・質問と投票数をリアルタイム（1秒更新）で表示する機能である。ログ分析機能は，投稿・投票結果を分析するためのログを保存し，授業の振り返りに利用できるよう集計結果の表示が可能な機能である。

　学生操作画面例を図4-1に示す。学生は，Web ブラウザから質問投稿画面，投票画面にアクセスすることができる。投稿された質問は，投票画面で共有されるため，発言をクリックするという簡単な操作で投票ができ，意思表示ができる。投稿された質問は，画面上では匿名性が保たれている。各画面にアクセスする際には，学生番号を入力することになっており，各学生の利用状況の確認を教員が行うことができるようになっている。

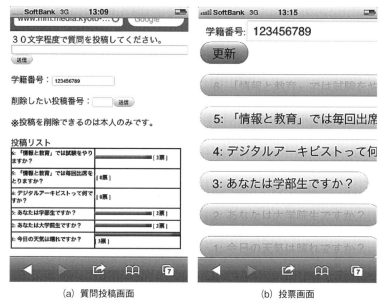

(a) 質問投稿画面　　　　　　　　　　　(b) 投票画面

図4-1　iPod Touch 上での学生操作画面例

2) ログ分析機能の活用

　レスポンスアナライザの効果を効率的に教員が活用できるよう，ログ分析機能を用意した。教員の利用方法として，短期的観測と長期的観測の2種類が考えられる。短期的観測とは，各回のレスポンスアナライザの利用情報を分析し，講義に反映することを目的とした行為を指す。具体的には，講義の中でどのような質問が出たのか，質問に投票した学生がいるのかを確認することで，授業へのフィードバックを行う。一方，長期的観測とは，各回にフォーカスするのではなく，長期的にログを分析し，利用状況を把握することを目的とした行為を指す。レスポンスアナライザを講義に導入したことにより，学生の利用状況はどう変化したか，講義内容により利用頻度が異なるのか，などを分析するためである。上記の要求から認知的ウォークスルー手法によりインタフェースを作成し，分析画面（図4-2）を開発した。

　「講義日リスト」では，講義日を指定することにより投稿された質問一覧を閲覧することができる。また，「学生リスト」では，記号の種別により容易に

日付リスト

1	2011年05月17日18時15分09秒	火曜2限「情報と教育」	5月17日
2	2011年06月07日18時07分17秒	火曜2限「情報と教育」	6月7日
3	2011年06月14日18時05分54秒	火曜2限「情報と教育」	6月14日
4	2011年06月21日18時09分48秒	火曜2限「情報と教育」	6月21日
5	2011年07月12日18時00分00秒	火曜2限「情報と教育」	7月12日
6	2011年07月19日18時09分41秒	火曜2限「情報と教育」	7月19日

日付情報登録

学生リスト

(○:投票した　◎:投稿した　●:投稿&投票した　△:参加した)

(a) 講義日・学生リスト

2011年07月19日18時09分41秒 終了の回の解析結果

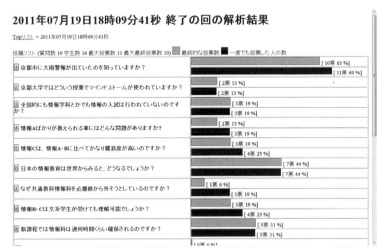

(b) 投稿リスト

図 4 - 2　ログ分析画面

学生の授業内の投稿や投票の動向を把握することができる。「投稿リスト」で
は，講義日を指定することにより，投稿された質問と投票結果が表示される。
さらに，各学生の動向が把握できるよう，日付別に投稿，投票の有無，回数の
リストが閲覧できる「学生個人データ」も画面を用意した。これらの機能によ
り，教員の講義でのレスポンスアナライザの利用を支援することを可能とした。

4.2.2　講義型授業での実践

1）実践授業の概要

　京都大学の2011年春学期「情報と教育」の授業において，開発したシステム
の活用実践を行った。基本的には，知識を積み重ねるタイプの講義ではなく，
幅広いテーマから広い知識を獲得するタイプの講義となっている。講義室は，
前方に3面の大型スクリーンが配置されている教室を利用し，中央1面に講義
スライドを，左右の2面に投稿された発言と投票状況を表示した（図4‑3 (a)）。
発言と投票状況は，1秒ごとに更新されるため，リアルタイムに学生の反応を
教員は知ることができ，学生にも情報共有がなされる。教員は，投稿された意
見と，投票により同意を示している学生数をリアルタイムに把握することで，
講義の意図および投票数の多かった意見に対し，詳しく解説するなど，授業の
改善が即時に行うことができる。さらに，講義内で回答できなかった質問や，
さらに詳しく説明する事項については，次週の講義の冒頭に「前回の振り返
り」の機会を設け，学生へのフィードバックを行った。

　レスポンスアナライザは，グループワークや演習ではなく，講義が中心とな
る回に導入し，合計7回の授業で利用した。

2）導入システムの概要

　今回の実践では，教室に持ち込んだ教員用ノート PC（Mac Book Pro 17-inch
Mid 2009）に，Web サーバソフトウェアである Apache HTTP Server（Apache2）
を起動させることで，このノート PC を Web サーバとした。また，同じ PC
のインターネットブラウザにより，自身の Web サーバにアクセスして教員画
面を開き，その映像をプロジェクタに投影した。つまり，教員用 PC は Web

(a) 授業実践風景

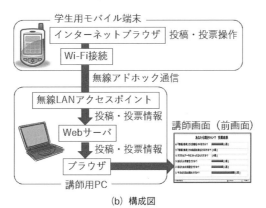

(b) 構成図

図 4-3　授業実践例

サーバであると同時に，インターネットブラウザによってその Web サーバに
アクセスするクライアント PC として利用した。さらに，この教員用 PC は，
AirMac Extreme Wi-Fi ワイヤレスネットワーク機能を使って，学生用モバ
イル端末とのアドホック通信網を提供する。学生用モバイル端末は，そのイン
ターネットブラウザ機能により無線 LAN（Wi-Fi）を通じて，Web サーバに
投稿・投票情報を送信する。よって，インターネットブラウザをアプリケー
ションとして内蔵し，Wi-Fi 通信が可能な端末であれば，どのような端末で
も動作させることが可能である。本実践ではすべての学生に iPod Touch を配
布し，統一した端末を利用した。

4.2.3 学生アンケートによる評価・考察

1）学生アンケートによるシステム評価

　レスポンスアナライザの導入評価を行うため，質問紙調査を実施した。質問紙は，投稿についての項目，投票についての項目，自由記述などから構成されている。導入時，継続利用における慣れなどを考慮した上で，評価するため，表4-1に本システムを導入した1回目，6回目，授業期間を通した総合評価時の質問紙調査結果を示す。

① 質問を投稿することについて

　Q1-2の結果より，質問投稿の学生負担はあまりなかったことがわかる。また，Q1-3，1-4の総合評価より，質問を投稿することによって授業に対する動機付けが高まり，授業内容の理解を支援していることがわかる。しかし，投稿しなかった学生に対して理由を自由記述で調査した結果，「授業を聞くのでいっぱいだった」という意見もあり，質問投稿への負担は学生によってかなり差があったと思われる。

　見られることへの躊躇に関しては，Q1-6の結果より，「他人に質問を見られること」は発言への大きな妨げにはならなかったようである。また，1回目，6回目の間に，グループワークを挟んだことにより，学生間のコミュニケーションが促進され，より質問しやすい環境が形成された可能性が考えられる。

② 投稿された質問に対する投票について

　Q2-2より，授業を受けながら投票を行うことに対しては，容易であり授業の妨げになっていないことがわかる。Q2-3，2-4により，投票することで自分の疑問に対して回答が得られる機会が増え，理解の支援・受講動機を高める結果につながっている傾向が見られた。

③ 授業におけるシステム活用について

　Q3-1，3-3により，システムの活用に対して，授業内容の理解の助け，および満足度が高くなっていることがわかる。試行1回目の取り組みに関する学生の自由記述では，「レスポンスアナライザの画面に集中していたため，授業を聞き逃してしまった・授業に集中できなかった」という意見が20.6%の学生からあげられた。しかし，操作性や本システムの活用について学生が回を重

表4-1　授業におけるレスポンスアナライザ活用に関する評価

（1 全くそう思わない，2 あまりそう思わない，3 どちらとも言えない，4 ややそう思う，5 とてもそう思う）	1回目：5/17（30名）		6回目：7/12（20名）		総合評価（21名）		p 値
	平均	SD	平均	SD	平均	SD	
Q1-1 投稿をするのは，面白かった	3.39	0.86	3.58	0.75	3.65	0.93	0.93
Q1-2 授業を受けながら，投稿するのは大変だった	2.77	1.19	3.08	0.93	2.95	1.19	0.757
Q1-3 投稿することが，授業を理解する上で役にたった	3.5	0.86	3.58	0.75	3.7	0.97	0.778
Q1-4 投稿することで，受講する動機が高まった	3.65	1.04	3.58	0.75	3.6	0.99	0.979
Q1-5 たくさん投稿しようと試みた	2.3	1.07	2.86	0.8	3	1.07	0.076
Q1-6 他人に投稿が見られることで，投稿しにくかった	2.44	1.25	2.35	0.84	2.2	1.01	0.758
Q2-1 他人の投稿を見るのは，面白かった	3.73	0.98	3.83	0.8	4.25	0.85	0.171
Q2-2 授業を受けながら，他人の投票を見て投票するのは大変だった	2.43	0.86	2.44	0.94	2.5	1.15	0.973
Q2-3 他人の質問に投票することが，授業を理解する上で役に立った	3.7	0.84	3.94	0.85	3.95	0.99	0.566
Q2-4 他人の質問に投票することで，受講する動機が高まった	3.69	0.85	4.06	0.63	3.95	0.94	0.345
Q3-1 授業中に本システムを活用したことは，理解の助けになった	3.8	0.76	4.06	0.52	4.1	0.85	0.36
Q3-2 授業中に本システムを活用したことは，受講の動機を高めた	3.87	0.63	3.83	0.53	3.95	0.94	0.913
Q3-3 授業中に本システムを活用したことで，満足度は高まった	3.8	0.61	4.06	0.52	4.1	0.91	0.324

ねることで慣れ，利用することにより授業の妨げになることが少なくなったと考えられる。これらの結果より，授業へのシステム導入は，学生に高評価であることがわかる。

2）学生の質問行動への影響

　質問行動の抑制要因である「評価懸念」，「周囲からの受け入れ懸念」，「質問作成が困難」の3点から議論する。

① 評価懸念

　個人差はあるものの，すでに述べたように質問内容が見られることへの躊躇は少ないことがわかる。また，投稿することで，授業内容をより理解できると考えている傾向にあり，本システムの導入は投稿しようという意識促進につながっていると考えられる。学生アンケートからも，「質問したくても聞けないようなことを投稿によって聞きやすくなった」という感想が得られた。これは授業中の直接の質問に比べ，心理的にも質問しやすい環境であることがわかる。

② 周囲からの受け入れ懸念

　レスポンスアナライザの導入や投稿された質問に対して，教員がリアルタイムで回答するという行為が，受け入れ懸念を解消していると考える。さらに，他の学生により投票されることから，授業進行の邪魔になるのではないか，集団調和を乱すのではないかという懸念は解消されたと考えられる。学生アンケートからも，「あまり授業の妨げにならず質問できるので良いと思う」，「他の受講者が何を疑問に感じているのかがわかるので新鮮に感じた」，「他者の質問を見て気づくことも多く，授業の役に立っていると思う」という意見が得られた。

③ 質問作成が困難

　質問投稿しなかった理由を学生アンケートにて，確認したところ，「質問する内容が思い浮かばない」という回答の割合が高く，解決策を検討する必要があることがわかる。

　上記のことから，学生の質問行動を抑制する要因のうち，「評価懸念」「周囲からの受け入れ懸念」については，レスポンスアナライザを導入することによ

り緩和の傾向につながったことがわかった。

3）相互作用への効果

　本システムを活用したことによって，授業実践でみられた2種類の相互作用について事例を挙げる。

① 教員と学生のコミュニケーション

　アンケートより，「学生と講師間で，リアルタイムにやり取りができる画期的な取り組みだと思う」，「自分の質問に対して反応がもらえることが面白く感じた」などの意見が得られた。本システムを導入することにより，教員と学生間のコミュニケーションを感じていることがわかる。

　教員にとって学生の投稿を参照することは，学生の理解度やつまずいているポイントを把握することを可能にしていた。

　教員からの学生へのコミュニケーションは，質問に対するフィードバックが中心となる。授業内容の区切りの良いところで，投稿・投票表示画面を確認し，投票数の多い質問，内容として重要と思われる質問をピックアップし，回答を行った。時間的な問題などで，教員がリアルタイムで回答できない質問に関しては，次週の授業冒頭で回答を行っていた。しかし，質問投稿・投票を行っている学生としては，リアルタイムになるべく回答してほしいという欲求があり，回答してもらえなかったというフラストレーションも感じていたようである。アンケートにおいても，「質問への解説する時間を授業の中でもっととってほしい」という意見もあった。

② 学生間のコミュニケーション

　Cazden（1996）は，人は対話によって，自己と異なる文脈をもつ他者の意見に触れ，その「接触」が自己の背景に存在する文脈を再構成するということを明らかにしている。学生アンケートより，「他の人の質問にも興味深いものがあってよかった」，「レスポンスアナライザはみんながとてもいい質問をしてくれたので，理解を深める助けになった」という意見が得られている。これは，他者の質問投稿を通して，「このような質問・考えをもつ人がいる」という気づきから，「自分はどのように考えるのか」という学習への影響があったと考

えられる。さらに，質問投稿により学生間のコミュニケーションが成立している事例もあった。

　上記のように，本システムの導入により，教員と学生のコミュニケーションにおいては，教員の気づきを誘発させ，授業改善への効果があり，学生間のコミュニケーションにおいては，学習における"対話"を促進していたことがわかる。

4.3　レスポンスアナライザの利用により可能にしたこと

　授業内での ICT 利用のひとつとして，著者らが取り組んできたレスポンスアナライザについて紹介を行った。講義型授業において，学生の質問行動が少なく，教員と学生のコミュニケーションが存在しないことが教育現場で指摘されているが，学生が授業内で ICT を用いて質問などができるレスポンスアナライザにより，これらの問題が解決する可能性があることがわかった。

　しかし一方で，「何がわからないのかがわからない」などの根本的な問題は解決できていない。これについては，授業内容や講義形態により異なる傾向があることが考えられるため，性質の異なる複数の講義を対象に考察をした上で，ICT を用いた授業支援のデザインを考える必要がある。さらに，導入環境も課題のひとつである。学生個人のスマートフォンを利用するのか，利用するための環境設定はどのようになっているのかなど導入のしやすさ，使いやすさも重要な要素となるであろう。

　また，最も重要なことは，授業内で何を解決するために ICT を活用するのかということを明確にすることである。その目的に合わせ，最適な ICT を用いたツールを選び，活用することである。

参考文献

Bakhtin, M. M. (1986) *Speech Genres and Other Late Essays*, University of Texas Press, Austin.

Cazden, C. B. (1996) "Selective traditions : reading of Vygotsky in writing pedagogy," In Hicks, D. (Ed.), *Discourse, Learning and Schooling*, Cambridge University Press :

165-185.

Davis, B. G. (1993) *Tools for Teaching*, Jossey-Bass, San Francisco.

Dillon, J. S. (1998) "Theory and Practice of Student Questioning," In S. A. Karabenick (Ed.), *Strategic Help Seeking Implications for Leraning and Teaching*, Mahwah, NJ, US: 171-193.

藤井利江・山口裕幸 (2003)「大学生の授業中の質問行動に関する研究」『九州大学心理学研究』4：135-148.

稲葉利江子・山肩洋子・大山牧子・村上正行 (2012)「発言の自由度を高めたレスポンスアナライザを活用した大学授業の実践と評価」『日本教育工学会論文誌』36(3)：271-279.

公益社団法人私立大学情報教育協会 (2011)「私立大学教員の授業改善白書――平成22年度の調査結果」1.

歓喜隆司・木下百合子 (1995)『現代の授業構造の実態と分析．現代授業論：典型的な授業を構成するために』ミネルヴァ書房.

溝上慎一 (1996)「大学生の学習意欲」『京都大学高等教育研究』2：184-197.

溝上慎一 (2007)「アクティブ・ラーニング導入の実践的課題」『名古屋高等教育研究』7：269-287.

中島平 (2008)「レスポンスアナライザによるリアルタイムフィードバックと授業映像の統合による授業改善の支援」『日本教育工学会論文誌』32 2：169-179.

カール・ノイマン (2009)「大学における教育文化から学習文化への変換：大学教授学と大学改善のためのカリキュラム計画」『大学論集』40：327-341.

第5章

初年次教育

遠海友紀

5.1 初年次教育の定義と広がり

初年次教育について，文部科学省は，「高等学校から大学への円滑な移行を図り，大学での学問的・社会的な諸条件を成功させるべく，主として大学新入生を対象に作られた総合的教育プログラム。高等学校までに習得しておくべき基礎学力の補完を目的とする補習教育とは異なり，新入生に最初に提供されることが強く意識されたもの」（文部科学省 2019）と定義している。また，藤田（2008）は初年次教育について，基礎学力，学習スキル，学習に対する動機づけおよび授業への取り組み方において多様な学生たちを，速やかに大学生活に移行させることを目的として行われるもので，言い換えれば，直前まで「高校生」だった新入生を，「大学生」にするための教育であり，学習面では，受け身の「勉強」スタイルを積極的・自発的な「学び」へと転換させることが重要となる，と説明している。つまり，初年次教育は高校を卒業し，大学へ入学してきたばかりの大学1年生に対して，大学での学習や生活への円滑な移行を支援する取り組みである。

初年次教育が実施されるようになった背景には，高等教育への進学率上昇が関係している。文部科学省（2018）が実施した調査の結果，高校を卒業した人の大学への進学率（過年度卒を含む）は，2018年度は53.3％で，前年度より0.7ポイント上昇し，過去最高となった。大学への進学率が高まれば，それに応じて学生の進学意識や学力，関心，態度は多様化する。東京大学大学院教育学研究科大学経営政策研究センター（2005）が全国4,000名の高校3年生に対して実施した調査によると，大学へ進学する理由として，8割の生徒が「勉強

してみたい分野が見つかったから」と回答している反面，7割以上の生徒が
「進学すれば，自分のやりたいことがみつかると思うから」とも回答している。
つまり，彼らは大学で勉強したいことについて，ある程度意識をもって進学す
るが，その一方で大学生活を自分がこの先なにをしたいのか考える時間である
とも考えていることがわかる。このことから，大学入学時点において，大学で
学ぶ目的や目標が不明確な学生が多く存在することが推察される。

　こういった状況を受け，高校から大学への移行における問題が顕在化してき
た。神藤・石村（1999）は，高校までの学習は学習指導要領に沿って系統的で
総合的な知識が効果的に与えられるため，利用される学習方略がある程度限定
されていることが多く，対して大学では学習時間は構造化されておらず，学習
方略も様々であることから，学生は高校から大学へ移行する際，学びの方略を
自ら作り替えていく作業が必要になることを指摘している。また，佐藤
（2010）は，大学教員向けの授業デザインの書籍において，大学での学習形態
はディスカッションやグループワーク，板書のない講義，フィールドワーク，
レポート作成やプレゼンテーションなど多様であり，多くの新入生にとって新
しい学習法であるため，スタディスキルの習得が大学での学習において求めら
れることを指摘している。

　白川（2007）は，大学へ適応することの効果やその継続性を検証するため，
入学した学生に対し，初年次に3回，2年次と3年次にそれぞれ1回，計5回
の質問紙調査を実施した。その結果，(1)大学での学習への適応・不適応の状
態によって自分自身に対する自信に相違が存在すること，(2)初年次の大学へ
の適応は2年次以降の適応に継続性がみられること，(3)大学での学習に適応
する時期と「大学での学習」「大学との親和性」などには関連があり，早期に
適応している学生はそうでない学生よりも積極的・肯定的な意識をもっている
ことを明らかにした。この結果は大学入学後に，学生に対して大学での学習や
大学生活への適応を促すことの重要性を示唆するものである。また，渡辺
（2006）は，初年次段階での学習意欲と，卒業時の学業成績の関係を調査した。
その結果，入学時の学習意欲が高くても最初の学期に学習に熱心に取り組めな
ければ以後の成績は振るわないが，入学時の意欲が低くても初めの学期の学習

に熱心に取り組めれば少なくとも1年生の時の成績は良いことが示された。つまり，入学時の意欲とは別に，初年次における教育・体験のあり様が，その後の学習パフォーマンスを左右することが明らかになっている。

白川や渡辺の調査結果から，初年次において大学での学習や大学生活への適応を促すことは，大学4年間の学習において重要であることがわかる。これまで，こういった変化に対する適応は，学生の個人的努力によって乗り越えられてきた。しかし，大学への進学率が上昇し，大学全入時代といわれるなか，大学へ進学してくる学生の学力，学習目的や意欲，態度は様々である。杉谷（2006）は，学力低下や目的意識の欠如が教育面に支障をきたすだけでなく，不登校，留年，中退といった大学生活そのものを続けていくことが困難な状況を生みだしていることを指摘している。こういった問題を回避し，高校生から大学生へ円滑に移行することを目指して初年次教育が実施されるようになった。

日本において初年次教育が注目を浴び始めたのは2000年代初めであるが，中央教育審議会（以下，中教審）が2008年に出した答申「学士課程教育の構築に向けて」を受け，初年次教育は学士課程教育のなかで正規の教育として位置づけられた（山田 2013）。この答申が出たことで，それまで初年次教育や一年次教育，導入教育など，様々な名称で該当の授業が呼ばれていた状況から，初年次教育という用語が定着した。

文部科学省が国公私立大学を対象に実施している「大学における教育内容等の改革状況について」という調査において，初年次教育の実施について調査が行われている。この調査によると，初年次教育を実施している大学は，2006（平成18）年の時点では約71％（文部科学省 2008）であったが，2016（平成28）年には約97％（文部科学省 2019）となっており，初年次教育を実施する大学は年々増加しており，2016年の時点でほとんどの大学が初年次教育を実施していることがわかる。

5.2　初年次教育の内容と授業形態

川嶋（2008）は初年次教育の内容を，(1)スタディスキル系（レポートの書き

方，図書館の利用法，プレゼンテーション等），(2)スチューデントスキル系
(学生生活における時間管理や学習習慣，健康，社会生活等)，(3)オリエン
テーションやガイダンス（フレッシュマンセミナー，履修案内，大学での学び
等），(4)専門教育への導入（初歩の科学，法学入門，物理学通論，専門の基礎
演習等），(5)教養ゼミや総合演習など，学び全般への導入を目的とするもの，
(6)情報リテラシー（コンピュータリテラシー，情報処理等），(7)自校教育（自
大学の歴史や沿革，社会的役割，著名な卒業生の事績等），(8)キャリアデザイ
ン（将来の職業生活や進路選択への動機付け，自己分析など），の8つの領域
に整理している。

　実際の授業では，1つの授業で1領域だけ扱われる場合もあれば，(1)スタ
ディスキル系と(6)情報リテラシー，というように複数の領域を組み合わせて
1つの授業が行われることもある。また，8つの領域のうち，(1)スタディスキ
ル系，(4)専門教育への導入，(5)教養ゼミや総合演習，(6)情報リテラシー，(8)
キャリアデザイン等は正課内で実施されることが多く，(3)オリエンテーショ
ンやガイダンスは正課外で実施されることが多い（山田 2013）。

　文部科学省は毎年，全国の大学の初年次教育で実施されている内容について
調査を行っている。その結果，2016年に実施された調査（文部科学省 2019）で
は，「レポート・論文の書き方などの文章作法を身につけるためのプログラム」
の実施が89.8％と最も多く，次いで「プレゼンテーションやディスカッション
などの口頭発表の技法を身につけるためのプログラム」の実施が83.3％，「大
学内の教育資源（図書館を含む）の活用方法を身に付けるためのプログラム」
の実施が79.1％，「学問や大学教育全般に対する動機付けのためのプログラム」
の実施が78.7％，「将来の職業生活や進路選択に対する動機付けのためのプロ
グラム」の実施が76.8％，となっている。この結果から，現在日本の大学で実
施されている初年次教育では，川嶋（2008）が整理した初年次教育の8つの領
域のうち，(1)スタディスキル系，(5)教養ゼミや総合演習，(8)キャリアデザイ
ンに関する内容が多く実施されていることがわかる。なお，(6)情報リテラ
シーに関しては，文部科学省（2019）の初年次教育に関する調査項目には含ま
れていない。

　初年次教育の教授法としてアクティブラーニングが積極的に取り入れられている。その理由について山田（2012）は，学士課程教育において，「何を教えるか」から「何ができるようになるか」という教育活動の中心目標の移行が促進され，アクティブラーニングの形態を取り入れた授業が効果的であるという共通認識がもたれつつあることが背景にある，と述べている。こういった授業を通して，初年次教育では，学生に単に大学での学習方法を修得させるだけでなく，学生の学習に対する姿勢をより自律的なものへ転換させることが目指されている。

5.3　教育工学における初年次教育の研究

　教育工学における初年次教育の研究を概観するために，2016年，2017年，2018年の日本教育工学会全国大会の大会講演論文集において，論文のタイトルまたはキーワードに「初年次教育」という言葉が入っている発表を調べた結果，2016年は4本，2017年は5本，2018年は3本の発表があった。そのうち，1本は初年次教育の授業をサポートする学生ファシリテーターについての調査で，その他は初年次教育の授業そのものや，初年次教育の授業の中での取り組み（学習者自身による学習分析，ルーブリックの作成など）を評価するものであった。
　続いて，2009年から2018年に発行された日本教育工学会論文誌に掲載された論文のうち，論文のタイトルまたはキーワードに「初年次教育」という言葉が入っているのは全部で7本あった。これらを整理すると，初年次教育による知識の変化や入試制度と成績との関連などに着目した研究と，初年次教育において新たな仕組みやシステムを導入してその効果を検証する研究に整理することができる。
　初年次教育による知識の変化や入試制度と成績との関連などに着目した研究として，田島（2014，2017）や金子ら（2016）の論文がある。田島（2014）は，初年次教育に対する総合入試制度（学部を決めずに入学し，入学後に学部を決める制度）の影響を検証するため，初年次理系実験科目を事例に，実験への取組み姿勢や成績評価について，総合入試で入学した学生と，学部別入試で入学

した学生の違いを検証した。その結果，総合入試による入学者の実験レポートの平均点は，学部別入試による入学者より高いことや，遅刻回数やレポートの提出状況といった学習状況も，総合入試による入学者のほうがよいことが明らかになった。また，田島（2017）では，成績評価が学習への取り組み姿勢や入試制度（学部別入試と総合入試）とどのような関係にあるのかを検証することを目的とし，初年次教育における理系実験を事例として学生の学習履歴データを分析した。その結果，毎年，履修者の一定数は不可になっており，入学時の入試制度によってその割合が異なることがわかった。また，実験に対する取り組み姿勢や成績評価においても，入試制度によりその割合に違いがみられた。さらに，最初の数回の実験レポート点と最終成績評価には関連があるため，履修の初段階で最終成績を予測できる可能性が示唆された。

金子（2016）では，新入生の情報に関する基礎知識（情報活用の実践力，情報の科学的な理解，情報社会に参画する態度）を測定するための調査を開発した。入学時とその 1 年後に調査した結果，1 年後の調査の平均点が有意に上昇しており，特に成績下位群において上昇幅が大きかった。また，情報教育科目で扱われることの多い話題に関する問題の正答率が大きく上昇していた。これらの結果から，この研究で開発された調査は，入学時と 1 年後の情報に関する基礎知識の差を明らかにすることや，学生の学修状況を把握するために有用であることが示唆された。

初年次教育において新たな仕組みやシステムを導入してその効果を検証した研究には，森（2009），館野ら（2011），向後・石川（2011），遠海ら（2012）の研究がある。森（2009）では，初年次に導入される協調学習が学生に与える効果を検証することを目的とし，多様な学習背景をもつ初年次の大学生が 1 つの授業を中心にした大学生活の中でどのような学びのダイナミクスを描くのか，1 年間のエスノグラフィ調査を行った。その結果，1 年生前期には人間関係を新しく構築しようとする親和動機が協調学習の授業にも働き，社会コミュニティが学習コミュニティとして有効に機能した。後期では学生個々の学生生活が豊かになるにつれて親和動機は低下し，学習本来への内発的動機づけの有無によってクラスがグループ化した。その結果，協調学習における他者の位置づけ

やその効果の質に差異が認められた。

　館野ほか（2011）では，協同推敲のプロセスにおいて，論証を意識したコメント活動を相互に行えるようにしたアカデミック・ライティング支援システムを使用した実践を行い，その効果の検証を行った。実践の結果，システムを利用することで，協同推敲のプロセスにおいて，論証を意識したコメント活動を支援することができた。また，今後同様の実践を行う際の留意点として，よいコメントを促すだけでなく，自らの書いた意図を説明する活動を含むコメントのやりとりを促すことや，協同推敲の際にトゥールミンモデルの要素を段階的に取り入れること，協同推敲のプロセスとプロダクトの関係をより詳細に分析する必要があることが示唆された。

　向後・石川（2011）では，大学の通信教育課程における e ラーニングコンテンツとして，スタディスキルの内容（情報スキル，大学での学び方，文献検索，レポートの書き方，プレゼンテーションなど）をオンデマンド化し，実施した事例を取り上げた。この科目の受講は任意で，単位とは関係なく実施された。コンテンツを視聴した満足度について聞いた結果，5 段階評定の 4 以上の高い評定になり，このコンテンツで提供された内容が学生に有用であると認知されたことが明らかになった。

5.4　初年次教育における自律的な学習を促すルーブリックの活用

　本節では，初年次教育の学習活動において，学生自身がルーブリックの内容検討に関わることが，学生の自律的な学習態度にどのような影響を与えるのかを明らかにすることを目的とした研究（遠海ほか 2012）について紹介する。先にも述べた通り，初年次教育では，大学での学習方法を身につけると同時に，学生の学習態度を他律的なものから自律的なものに転換させることが目指される。自律的な学習態度とは，学生自身が目標を設定して学習活動を行い，その結果を省察し，改善につなげることを指す。しかし，杉谷（2009）は，自律的な学習を目指す初年次教育がその目的を達成できていないことを指摘している。初年次教育の内容としてスタディスキルの修得だけが強く意識され，学生の学

習態度についてはあまり意識されずに授業が行われていることがその原因とし
て考えられる。こういった状況を踏まえ，初年次教育の授業を設計する際には，
スタディスキルの修得だけでなく，学生の自律的な学習態度を培うことも考慮
する必要があると考えられる。そこで，本研究では，学生の自律的な学習態度
を促すための授業設計について考察した。

　自律的な学習については，これまで心理学などの分野で自己調整学習として，
研究が取り組まれてきた。本研究では，Zimmerman（1998）の自己調整学習
の理論を用い，グループプレゼンテーション（以下，プレゼン）の授業におい
て，ルーブリックの一部を学生自身で検討することが，学生の自律的な学習態
度にどのような影響を与えるのかについて明らかにすることを研究の目的とし
た。

　ルーブリックは，「成功の度合いを示す数段階程度の尺度と，尺度に示され
たレベルのそれぞれに対応するパフォーマンスの特徴を記した記述語からなる
評価基準表」（西岡・田中 2009：14）である。ルーブリックを用いることで，学
習の評価基準が明確になり，学習の成果だけでなく過程も評価することができ
る。それにより学習者の自律性を促すための自己評価が可能になる（寺嶋・林
2006）。ルーブリックを活用した授業では，教員がルーブリックを作成する場
合が多いが，学習者自身もルーブリックの作成に関わることで，目標をより強
く意識して学習に取り組むことができると考えられる。

　該当の研究では，2011年度前期に京都外国語大学の1年生の必修科目として
開講された「情報技術の実践」の1クラス（教員1名，受講生49名）を対象と
した。この授業は初年次教育のひとつとして開講されており，学生は大学生活
において自律的に学習するための態度やスタディスキルを学ぶ。全15回の授業
のうち，3回を使ったプレゼンの学習活動の中に，学生がルーブリックの内容
を検討する活動を取り入れることで，学生の自律的な学習態度を培うことを目
指した。

　学生がルーブリックの内容を検討するために，まず「情報検索」「内容」「表
現力・デザイン」「コミュニケーション」の4項目について，A基準・B基準，
C基準からなる3段階の基準のうち，B基準とC基準を設定したルーブリック

表5-1 プレゼンルーブリック

評価項目	目　標	A基準（5点）	B基準（3点）	C基準（1点）
情報検索	ウェブを用いて主張に必要な情報を的確に集めることができる.	複数の情報源から情報を収集し,情報を批判的に考えてまとめている.	多角的な視点で情報が集められ,整理されている.	テーマについての見方が偏っている.信頼性のない情報が扱われている.
内　容	ワードの機能を活用し,自分の主張を論理的に示すことができる.	明確な結論に加えて,問題に対する提案を示すことができる.聴衆が納得し,関心を持てる結論を導き出せる.	導入・展開・結論が明確で,裏付けのある資料を使用している.結論が明確である.	導入・展開・結論が不明確で,裏付けのある資料を使用していない.
表現力・デザイン	パワーポイントの機能を活用して効果的な表現ができる.	映像や効果音を使うことができる.聴衆に分かりやすいような工夫がある.	聴衆に分かりやすいように,書体を強調し,絵や図を使用している.	聴衆に分かりにくいデザインである.
コミュニケーション	聴衆に分かりやすいよう発表することができる.	聴衆に問いかけ,質疑応答に回答できる.聴衆の関心を引き付け,発表方法に独自性がある.	声が大きくはっきりしていて,話し方にメリハリがある.聴衆の様子をみながらプレゼンを進めている.	発表の声が聞き取りにくく,原稿を棒読みで強弱がない.聴衆を見ずに発表している.

を教員が作成した。授業で到達すべき目標をB基準（到達基準）とし，B基準に到達しない内容をC基準（要改善）として，学生に提示した。学生はB基準の内容を確認し，B基準よりさらに良いプレゼンとはどういったものなのか項目ごとにグループで検討した。教員の評価の視点だけでなく，授業の到達目標を踏まえた上で，評価の観点となる基準の検討に学生も関わることで，学生の自律的な学習態度を培うことを試みた。完成したルーブリックは表5-1の通りである。

　完成したルーブリックは学生に配布し，プレゼンの準備に取り組む際に確認できるようにした。また，ルーブリックを使って教員が学生のプレゼンを評価

するとともに，学生自身もプレゼンの後にルーブリックを用いてグループで自己評価を行った。さらに，教員の評価の結果と学生の自己評価の結果を開示し，なぜこのような違いがあるのかについて議論することにより，学生の自己評価に対する意識や適切に評価する力の向上を目指した。

　プレゼンの授業終了後，自分たちで作成したルーブリックを用いたことによる学生の自律的な学習への意識の傾向を調査するため，自律的な学習において重要であると思われる8項目について5件法で質問した。受講生49名中，有効回答者数は38名であった。また，学生がルーブリックをどのように捉えたのかを明らかにするため，ルーブリックを使った感想や改善点について記述させ，分析した。受講生49名中，有効回答者数は36名であった。筆者らでデータを文節ごとに切片化し，カテゴリーを作成した。さらに，学生のプレゼンに対する教員の評価と学生の自己評価の一致率を出し，考察した。

　質問紙調査の結果，ルーブリックの作成に関わったことで，学生は目標を強く意識して学習に取り組み，省察を行ったと考えたことがわかった。また，学生の自由記述の分析の結果，ルーブリックの内容を検討したことで目標を意識し，課題に対する動機づけや責任感をもって学習活動に取り組んでいたことがわかった。さらに，学生は課題を進める際に，成果物と目標を照らし合わせて確認し，目標を達成するための改善に取り組んだことも明らかになった。

　ルーブリックを用いることで，学生が目標を意識し学習活動に取り組むことについては寺嶋・林（2006）も同様の見解を示しているが，本研究では学生の自由記述の中に「自分達でルーブリック（目標）を作成したことで」という記述が見られたことに意義があると考える。単に学習の目標が示されていただけでなく，学習の目標となるルーブリックの作成に学生自身が関わったことが今回の結果に関係していると考える。また，学生自身がルーブリックの内容を検討したことで，納得して評価の観点を受け止めたことや，他の学生と共同してルーブリックの内容を検討した結果，個人がもっていた評価や目標の観点に新しい視点が加わったことがわかった。

　教員の評価と学生の自己評価の一致率は，情報検索が50％，内容は40％，表現力・デザインは60％，コミュニケーションは30％であった。自己評価も含め

て，学習活動に対する評価経験の少ない初年次の学生にとっては評価の際の支援や訓練も必要であることが明らかになっている（遠海ほか 2014）ため，適切な評価ができるようになるための支援についても今後検討する必要がある。今回は，評価の一致率を重視するのではなく，教員と学生の評価結果について議論することを通して，適切に評価する力の向上を目指した。

　本研究が対象とした授業では，学生だけの視点で目標を設定するのではなく，教員が事前に学生が授業で到達すべき基準を「到達基準」として示した。そのため，授業として達成すべき目標を踏まえた上で，学生の意見を取り入れたルーブリックを作成できたことが特徴であるといえる。

5.5　今後の課題と展望

　本章では，初年次教育の定義や日本の大学で実施されるようになった経緯，実施状況などを概観した後，日本教育工学会における初年次教育の研究動向についてまとめ，学生の自律的な学習態度の育成を目指して学生がルーブリックの内容検討に関わった実践研究を紹介した。

　2016年の時点で，日本の大学での初年次教育の実施率は約97％（文部科学省2019）となっており，ほとんどの大学が何らかの形で初年次教育を実施している状況であるが，日本教育工学会の論文誌等において，初年次教育を論文タイトルや論文キーワードに入れた研究はそう多くない。

　初年次教育は，その役割や特徴が明確である。初年次教育を通して学生がスタディスキルを身につけるとともに，自律的な学習者として学んでいくためには，どのような授業内容，方法，支援が求められるのか，これまでの研究知見を踏まえた取り組みや調査が今後も求められる。また，初年次教育はその役割から，同じ科目を複数の教員が分担して取り組む事例が多くみられる。その際の内容や評価の調整といった授業の運用の工夫についても事例や知見の蓄積が求められる。さらに，初年次教育の成果をどのように確認して2年次以降の教育につなげていくのか，取り組みの評価や大学教育全体との兼ね合いについても研究知見を深めることが期待される。

参考文献

中央教育審議会（2008）「学士課程教育の構築に向けて（答申）」
　　http://www.mext.go.jp/b_menu/shingi/chukyo/chukyo0/toushin/1217067.htm（2019
　　年11月28日確認）

遠海友紀・岸磨貴子・久保田賢一（2012）「初年次教育における自律的な学習を促すルーブ
　　リックの活用」『日本教育工学会論文誌』36（Suppl）：209-212.

遠海友紀・村上正行・久保田賢一（2014）「学生が作成した評価基準を用いた論証文課題の
　　自己評価の傾向」初年次教育学会第 7 回大会発表要旨集：64-65.

藤田哲也（2008）「法政大学における初年次教育モデル授業公開について」『初年次教育学会
　　誌』1（1）：81-88.

金子大輔・石田雪也・小俣昌樹・古川雅修・古賀崇朗（2016）「大学の初年次学生を対象と
　　した情報に関する基礎知識調査の開発と調査結果の分析」『日本教育工学会論文誌』40
　　（Suppl）：201-204.

川嶋啓二（2008）「初年次教育の諸領域とその広がり」『初年次教育学会誌』1（1）：26-32.

向後千春・石川奈保子（2011）「大学 e ラーニング過程におけるスタディスキルコンテン
　　ツ」『日本教育工学会論文誌』35（Suppl）：13-16.

文部科学省（2008）「大学における教育内容等の改善状況について（平成18年度）」
　　http://www.mext.go.jp/b_menu/houdou/20/06/08061617.htm（2019年 5 月31日確認）

文部科学省（2018）「平成30年度学校基本調査（確定値）の公表について」
　　http://www.mext.go.jp/component/b_menu/other/__icsFiles/afieldfile/2018/12/25/14
　　07449_1.pdf（2019年 5 月30日確認）

文部科学省（2019）「大学における教育内容等の改革状況について（平成28年度）」
　　http://www.mext.go.jp/a_menu/koutou/daigaku/04052801/__icsFiles/afieldfile/2019/
　　05/28/1417336_001.pdf（2019年 5 月30日確認）

森朋子（2009）「初年次における協調学習のエスノグラフィ」『日本教育工学会論文誌』33
　　（1）：31-40.

西岡加名恵・田中耕治（2009）『「活用する力」を育てる授業と評価』学事出版.

佐藤浩章（2010）『大学教員のための授業方法とデザイン』玉川大学出版部.

神藤貴昭・石村雅雄（1999）「高等学校と大学の接続に関する研究（その 1 ）――学生の高
　　等学校と大学における学業についての差異の認識の観点から」『京都大学高等教育研究』
　　5：23-40.

白川優司（2007）「学生パネル調査から明らかになった日本における初年次教育の可能性」
　　『大学教育学会誌』29（1）：16-21.

杉谷祐美子（2006）「日本における初年次教育の動向――学部長調査から」濱名篤・川嶋太
　　津夫（編）『初年次教育――歴史・理論と世界の動向』丸善株式会社，69-79.

杉谷祐美子（2009）「総合的初年次教育プログラムの開発に向けて――ワークショップにお
　　ける調査からの考察」『初年次教育学会誌』2（1）：40-47.

田島貴裕（2014）「初年次教育の理系実験に対する取り組み姿勢と成績評価の関連性――入
　　試制度の観点から」『日本教育工学会論文誌』38（Suppl）：1-4.

田島貴裕（2017）「初年次理系実験の成績評価分析——入試制度と取り組み姿勢の観点から」
　　『日本教育工学会論文誌』41(3)：283-292.

館野泰一・大浦弘樹・望月俊男・西森年寿・山内祐平・中原淳（2011）「アカデミック・ラ
　　イティングを支援する ICT を活用した協同推敲の実践と評価」『日本教育工学会論文
　　誌』34(4)：417-428.

寺嶋浩介・林朋美（2006）「ルーブリック構築により自己評価を促す問題解決学習の開発」
　　『京都大学高等教育研究』12：63-71.

東京大学大学院教育学研究科 大学経営・政策研究センター（2005）「高校生の進路について
　　の調査」
　　http://ump.p.u-tokyo.ac.jp/resource/HSGS1st_pupil_gt.pdf（2019年5月31日確認）

渡辺哲司（2006）「大学入学時・初年次の学習意欲と卒業までの学業成績」『大学教育学会
　　誌』28(2)：95-100.

山田礼子（2012）『学士課程教育の質保証へむけて——学生調査と初年次教育からみえてき
　　たもの』東信堂.

山田礼子（2013）「日本における初年次教育の動向——過去，現在そして未来に向けて」初
　　年次教育学会編『初年次教育の現状と未来』世界思想社：11-27.

Zimmerman, B. J. (1998) Developing self-fulfilling cycles of academic regulation : An analy-
　　sis of exemplary instructional models. In D. H. Schunk & B. J. Zimmerman (Eds.), *Self-
　　regulated Learning : From Teaching to Self-reflective Practice*, New York : Guilford
　　Press, 1-19.

第6章

ゼミナール教育

伏木田稚子

6.1 大学におけるゼミナール教育の展開

　「ゼミナール」は，言わずと知れた大学における授業形式のひとつである。多くの人がイメージするのは，数人から十数人の学生が教員をぐるりと囲む形で着席し，学術的な書籍や研究の内容について学生が発表したり，それに対して全員で議論をしたりするといった，共同体的な学びの形ではないだろうか。場合によっては参加する学生の数が多く，ある種，講義のような様相を呈しているゼミナールも存在するが，多かれ少なかれゼミナールに対して抱く印象は，「講義」に対するそれとは趣旨や形態などの点で異なるものであろう。

　それもそのはず，ゼミナールは今から200年以上も前の18世紀初頭に，今日でいうところの能動的で主体的な参加を求める学習環境として，ドイツの大学で誕生した経緯を有する。それまでは，学生に対して権威ある確立した知識の習得が課されていたのだが，既存の知識に疑問をもち，新たな知識を創造しようとする試みと結びつく形で花開いたのがゼミナールだと考えられている。「研究を通じての教育」という理念（潮木 1997），「自由な探究と教育の自由」という原則（別府 2005）のもとに，ゼミナールは様々な変化を受け入れながらも近代ドイツの大学教育にしっかりと根を張り，その枝葉はやがてアメリカや日本の諸外国に，ドイツへの留学経験を有する人々によって広がっていったというのが大づかみな展開である。

　19世紀後半の日本において，ゼミナールは「演習（科）」という形で受容され，潮木（2006）が「知的コミューン」と評したように，そこでは教員と学生が協同で知識の創造に携わることが前提とされていた。ただし梅根（1970）に

よれば，ゼミナールが大学用語として用いられる場合，授業としての講義法に対比される「ゼミナール的（演習的）方法」と，学生による研究を教員が援助して指導する場という2つの意味があるという。同様の指摘は毛利（2006）の主張でもみられ，比較的少人数の学生による発表と討議が中心の教育方法と，教師と学生の共同体としてのゼミナールがあると述べられている。つまり，学生がゼミナールを履修することは，教員の名を冠した〇〇ゼミというコミュナルな学びへの参加を意味し，どちらの側面がより強く表れるかによって，「自由な知の探究」という本来の特質が強まったり弱まったりするのであろう。そうした流動的で複雑な特徴を有するゼミナールについて，ここでは「探究を志向する共同体的な学習環境」と定義をした上で話を進めていきたい。

　今日，ほぼすべての大学で実施されているゼミナールは，いくつかの基準によって様々に分類される。たとえば「ゼミ」は通常，学部生を対象に行われる学部ゼミナールの略称として用いられ，大学院生向けのゼミナールは「院ゼミ」という呼称で区別されることが多い。また，理工系の専門教育では，研究と教育の両方を兼ねた仕組みとして「研究室教育」が重要な役割を果たしており（荒井 1989；北村・岡本 2010；岡本ほか 2012），大抵の場合，ゼミナールはその教育活動の一環として位置づけられる。一方，人文社会系の学部ゼミナールは，(a)シラバスに授業の正式名称が記載されている，(b)単位を取得できる，(c)定期的に開かれている，(d)教員が必ず参加する，(e)学生の参加が基本とされている，という5つの条件を満たす授業として成立しているため，研究室教育とは異なる存在として扱うのが適当であろう。

　さらに，学部ゼミナールは大抵，開かれる時期によって大きく2つに分けられる。ひとつは，学部1年生を対象に行われる基礎ゼミナールや教養ゼミナール，初年次ゼミナールなどで，その多くは学生の専攻と関係なく，全学ないし学部共通の必修科目として実施される。大学に入学して間もないということもあってか，専門的な内容を議論するというよりはむしろ，教員や学生同士のコミュニケーションを大切にしながら，大学での学びに対する心構えや基本的な態度，技能等を身につける意味合いが強い。もうひとつは，学部2年生または3年生以上が一定期間継続して参加する専門ゼミナールである。基本的には，

専攻に引きつけて興味のあるテーマを選び，教員の指導や助言を受けながら自身で立てた問いを探究することが求められている。そこでは，文献の輪講や卒業論文に関する発表，グループでの共同作業など多岐にわたる学習活動が埋め込まれている。

　おそらく「ゼミ」と聞いて大半の人が思い浮かべるのは，こうした専門ゼミナールであると思われ，「…教員と学生がひとつの研究テーマを媒介として日常的にコミュニケーションをもつことにより専門領域において暗黙に前提とされている知識や考え方を学び，また人格的な影響も受けているのである」（渡部 2013：62）という特徴を色濃く反映した営みといえよう。本章ではその中でも，人文社会系の学部を中心に展開されている「専門教育としてのゼミナール」に焦点を当てる。

6.2　教育工学会でのゼミナール研究の広がり

　これまでも，ゼミナールの教育的な価値は，あまたの教育者や研究者によって繰り返し指摘され，近年では PBL（問題解決型学習）やアクティブラーニング（能動的学習）の観点から，その重要性が問い直されている（安西 2013；杉谷・山田 2013）。言わずもがな，ゼミナールでは専門分野についての体系的な知識やスキルの習得に重きが置かれ，その領域に特有の方法論を以て研究や実践に取り組むことが学生に課されている。だからといって，専門的な内容知や方法論のみが学ばれるわけではなく，それに付随する形で「汎用的技能（generic skills）」も成長するのではないかというのが，筆者がかねてより論じてきた主張である。

　たとえばゼミナールの目標を，課題を発見してそれを明確にし，講義で培った知識を動員しながら解決を図るプロセスを体験すること（中村 2009）だと捉えるならば，情報の収集や分析，問題解決をはじめとする概念的な思考力が，多少なりともその過程で鍛えられるはずである。また，大学4年間の学びの集大成として卒業論文の提出が求められる場合，読み書きなどの基礎的なスキルはもちろんのこと，自分の研究について発表し，ゼミメンバーで議論する機会

を通じて，対人理解やチームワーク等も養われるといえよう。事実，学生の認識ベースではあるが，作業や課題解決，対人関係を多く含む活動や，知識および技能を実演する機会が豊富にあるゼミナールは，前述のような汎用的技能の習得につながるとして有効性が評価されている（吉原 2010）。

　このように，ゼミナールに対しては専門性に留まらない多面的な成果が期待されるものの，実証的な研究が十分に行われているとは言い難い。その理由のひとつとして，ゼミナールのあり方は教員の信念や人柄，参加する学生の特徴などに左右されるところが大きく，教育する場の条件に応じて多様であることが挙げられよう。また，担当教員にとっては比較的自由に内容を構成できる（向居 2012）というメリットがある一方で，「現場対応の出たとこ勝負」というブリコラージュ（器用仕事）の側面が強く（船曳 2005），ゼミナールの運営をめぐる試行錯誤の過程はどうしても内に閉じたものになりやすいと考えられる。ただし，それぞれのゼミナールが打ち出している方針やそこでの活動，学生の取り組みといった個別の情報は，各大学や担当教員のホームページ，紀要論文などを中心に提供されている。

　では，そうした具体的な記述も含めて，日本教育工学会においてゼミナールはどのように研究され，知見が蓄積されてきたのだろうか。はじめに，学術論文情報を検索の対象とする論文書誌データベース「CiNii Articles」を用いて，フリーワードに「ゼミナール」または「ゼミ」と入力し，刊行物名に教育工学会を指定して検索したところ，計35件の研究成果が該当した。[1]次に，収録刊行物の名称を確認し，日本教育工学雑誌または日本教育工学会論文誌を「学会誌への論文投稿」，大会講演論文集を「全国大会での発表」，研究報告集を「研究会での発表」に振り分けた上で，それぞれの研究に適用されている方法に従い，大きく4つに分類した（表6-1）。

　研究の種類については，「開発研究」にはゼミナールの運営に係るシステムの構築と評価，「実践研究」には活動や運営に関する新たな試みの報告，「実験研究」には統制群・実験群や事前・事後のような比較デザインを用いた評価，「調査研究」には質問紙調査による実態の把握やゼミナールが与える影響の検討などが，主なものとして当てはまる。ただし，これらの分類基準は筆者がボ

表6-1　教育工学会におけるゼミナール研究の分類

研究の種類	開発研究	実践研究	実験研究	調査研究	計	
学会誌への論文投稿	0	3[1]	1[1]	4[1]	8[3]	(22.9%)
全国大会での口頭発表	3	5	0	4	18	(34.2%)
研究会での口頭発表	4	9	1	1	15	(42.9%)
計	7(20.0%)	17(48.6%)	2(5.7%)	9(25.7%)	35	

注：表中［　］内の上付き数字は，ショートレターとして採録された件数を表す。

トムアップに作成しており，2つ以上のカテゴリーにまたがる研究や，捉え方によっては別のカテゴリーに含まれる可能性があることを断っておきたい。

　表6-1より，教育工学会ではゼミナールを対象とする研究の約5割を実践研究が占めており，調査研究が開発研究よりもやや多いことが示された。最も数が少ない実験研究2件のうち，ひとつはゼミナール活動における批判的思考の育成に関するもので，尺度を用いて批判的思考態度や能力を得点化し，授業の事前と事後でどのような変化が生じるのかを明らかにしている（向居 2012）。もうひとつは，ゼミナールでの英文輪読に焦点を当て，紙による翻訳とコンピュータを使用した翻訳とを比較し，より良い支援の環境を検討している（柳沢 2007）。前者は実践研究に，後者は調査研究にも該当しうるが，条件を操作することによって2つ以上の群を設定していたことから，ここではあえて実験研究として扱う。なお，9件の調査研究のうち7件は筆者らによって2010年以降に発表されたものであり，詳細は後述する。

　まず，17件の実践研究で取り上げられているゼミナールの形態に着目すると，遠隔学習やオンライン学習に関するものが多数含まれていることに気がつく。具体的には，タイトルや本文中で「遠隔ゼミ」や「遠隔間合同ゼミ」などの用語を明確に用いている研究が5件（田口ほか 2000；尾澤ほか 2002；村上ほか 2003；村上ほか 2004；大浦ほか 2004），そうした呼称は使われていないが遠隔型の合同ゼミを実施しているケースが2件（中村ほか 2000；矢内ほか 2000），グループウェア「サイボウズ Live」を導入してゼミナールにおける知識資産[2]の管理・運用を向上させようとした試みが2件（中村・向後 2014；中村ほか 2016）あった。こうした傾向から，2000年代初頭はインターネットやメディアを活用

して，ゼミナールにおけるメンバー間のコミュニケーションを拡張しようとする動きが活発化していた様子が窺える。

　次いで，残り8件の実践研究はいずれも対面での学習を前提としており，ゼミナールの運営や活動の改善を目指した取り組みが4件（平生ほか 2015；小林ほか 2015；米谷ほか 2017；山方ほか 2017），ゼミナール内での新しい教育方法やプログラムの試みに関する報告が4件（酒井・小林 2012；小坂井・永岡 2014；武田 2014；菊島ほか 2018）という内容であった。さらに，7件の開発研究については，24時間いつでも参加できる「バーチャル・ゼミナール」の構築（桝井ほか 2000），ゼミナール特有の複雑なコミュニケーションを可能とする「非同期型オンラインゼミナール」の提案（中村・向後 2012），遠隔ゼミナールのためのTV会議システムの活用（井上ほか 2004），eポートフォリオを基盤に成長を促す「統合ゼミ活動支援システム」の設計（米谷ほか 2015；米谷・永岡 2016）などがあり，ICTの強みを活かしてゼミナールの質の向上を図ろうとする姿勢が見受けられる。

6.3　ゼミナールに関する調査研究の成果

　ここまで日本教育工学会におけるゼミナール研究（調査研究を除く）を概観してきたが，レビューを通じて得られた示唆は以下の2点に集約される。1点目は，研究者が何らかの形で関与している単一ないしは異なる2つのゼミナールが研究の対象となっており，3つ以上のゼミナールを総合的に検討するような試みは行われてこなかったという事実，そして2点目は，運営の改善や学生の成長に資するような課題解決志向の取り組みが多く，ゼミナールの設計と教育効果との関係は広く明らかにされていないという現状である。前述の通り，ゼミナールに関する研究の不足は教育工学に限った話ではなく，内容が教員視点での実践の記録に偏っており，学生の満足度や感想以外の視点からゼミナールでの学びが評価されていないことは，先行研究全体の問題といえよう。

　加えて，ゼミナールを担当する教員は，自分が受けてきた実践以外で参考にできる事例に乏しいなどの理由から，一から試行錯誤を繰り返さなければなら

ないという困難を抱えている（伏木田 2013）。ゆえに，現場レベルでの課題に鑑みると，ゼミナールの多様な運営の実態を多角的に考察し，学生にとってのより良い学びを支えるようなゼミナールの様相を探究することは，学術的な価値と実践に根ざした知見の導出につながるのではないか。その際には，ゼミナールの同質化を促すことのないよう，「ゼミを担当する一人ひとりの教員が自己の指導法と教育者としてのあり方を問い直していく契機」（毛利 2013）になるような示唆を導くべきだと考えた。

　また，どのような観点からゼミナールの実態を明らかにしていくかという点については，大学授業の改善および充実には性急な教育成果の測定よりも，教育のプロセスをモニタリングすることが大きな意味をもつ（金子 2008）という主張を踏まえ，できる限り構造的な調査になるよう心がけた。つまり，「ゼミナールで何を学ぶことができたのか」という成果のみを単独で追究するのではなく，「教員はどのような指導をしたのか」，「学生はどのような活動に取り組んだのか」，「教員および学生間での交流は何をもたらしたのか」といったゼミナールの構成要素との関係から，広く深く考察しようと試みたのである。

　こうした問題意識に基づいて行われたのが，ゼミナールにおける学習者要因・学習環境・学習成果の関係（伏木田ほか 2011），ゼミナールに対して学生が感じている魅力および不満の検討（伏木田ほか 2012），ゼミナールの授業構成が学生の汎用的技能の成長実感に与える影響（伏木田ほか 2014）といった，横断的な調査研究である。ひとつでも多くのゼミナールからデータを収集し，サンプルの種類を増やしたいという意図から，いずれにおいても質問紙調査を採用した。ただし，ゼミナールの具体的なイメージを膨らませるために，参与観察や教員および学生へのインタビュー調査を事前に行い，質問項目が抽象的にならないよう配慮した。

　最初の伏木田ほか（2011）では，ゼミナールに期待されている学習成果を具体化し，受講動機や学習意欲などの学習者要因と，活動，教員による指導，教員に対する評価，共同体意識を含む学習環境との関係について検討することを目的とした。Fraser et al.（1986）の CUCEI（College and University Classroom Environment Inventory）の構成や Astin（1993）の I-E-O モデルを参考に質問

調査票を作成し，計387名の学部３，４年生の回答データを用いて因子分析と主成分分析により変数を構成した後，マルチレベル相関分析[3]を行った。その結果，同一のゼミナール内では学生の回答に類似性がみられ，個人レベルに比べてゼミナールレベルの相関係数について$|r|≧.7$の強い相関が多く示されたことから，集団としてのゼミナールの解釈が可能となった。

　これまで多くの教員や研究者の間では，ゼミナールにおける学生主体の能動的な活動（発表，議論，共同活動など）が学習成果に強い影響を与えると，暗黙的に了解されてきた。けれども，(i)学生が達成すべき目標を明確に示す，(ii)課題の進め方について具体的な指示を出す，(iii)テーマ設定についてアドバイスをする，(iv)文献の読み方についてアドバイスをする，(v)課題に取り組む意義について説明をするなど，教員による指導を受けることで，他者とかかわりながら専門知を学ぶ意欲やメンバー間でつながっているという意識が育まれ，汎用的技能の成長実感や充実度が高まる可能性が示唆された。

　続く伏木田ほか（2014）では，ゼミナールのデザイン可能な側面に着目し，教員の裁量に任されている授業構成[4]が汎用的技能の成長実感に与える影響を明らかにしたいと考えた。具体的には，大学の授業デザインモデル（森 2013）やFink（2003）の総合的授業設計のモデルを参考に，学生の特性把握，教育目標と学習目標の設定，学習活動と学生に対する指導，学習意欲，汎用的技能の成長実感という順序の影響過程を想定した仮説モデルを構築した。調査の対象は，東京都内に本部が所在する大学の人文学，社会科学，総合科学系学部に所属している専任講師以上の教員と，その教員が担当するゼミナールの受講学生（学部２年生以上）であり，教員はランダムサンプリング（系統抽出）により選定された。

　49大学，85学部，114ゼミナールを分析の対象とし，因子分析による変数の構成後，マルチレベル共分散構造分析[5]を行った。ゼミナールレベルの変数である授業構成が，参加している学生全体に与える影響を検討した結果，(a)学生の能力や態度に加えて就職活動や履修に関する状況的な側面を汲み入れる，(b)専門分野の学習を深めたり探究心を醸成したりすることを目標に，発表の機会を設けて教員と学生間での議論に注力する，(c)学習そのものの面白さやそれ

に対する意欲を育むために，グループでの共同活動を取り入れる，などの工夫がゼミナールでの学生の学びをより促進することが明らかになった。

さらに，ゼミナールの魅力はメンバー間の仲や雰囲気の良さ，学生間のかかわり，教員の人柄や話の面白さなどに見出されており，不活発な発言や議論，学生のやる気や教員の指導のばらつきなど，活動の停滞に不満が募りやすいという傾向（伏木田ほか 2012）も確認されている。以上の点を考慮するならば，ゼミナールが有する「探究と相互作用を基盤とする学習環境」としての価値が最大限に引き出されるよう，教員は各々の課題と向き合いながら，画一化されない実践のあり方を模索し続けることが望ましいといえよう。

ただし，これら一連の調査研究に基づく知見は，いずれも教員や学生の自己認識をベースとしており，ゼミナールでの経験がどのようなプロセスで形作られているのかという問いについては，推測の域を脱していない。ゆえに今後は，一定期間を通じた単一事例の参与観察や，複数名の教員に対するインタビュー調査などを通して，時間の経過を考慮したより実践的で具体的な知見を導き出せるよう，基礎研究を積み重ねていきたいと考えている。

注
(1) 先行研究の検索結果は，2019年5月末時点のものであり，2018年3月1日に発行された学会誌の論文を最新の研究として扱う。
(2) 中村・向後（2014）はゼミナールの知識資産について，過去に行われた教員や TA からの指摘，メンバー間の議論，学部生や院生が残した成果物などを次世代に引き継ぐことが重要で，その管理手法は学部や専攻によって多様かつ伝統の中に包み込まれているため，ノウハウの共有が不十分だと指摘している。
(3) 個人に独自の部分と，ゼミナールという集団全体の性質が混在しているデータを扱う場合，データの集団内類似性を評価し，その類似性にもとづいて Within モデルと Between モデルに分割することが求められる（清水ほか 2006）という考え方に基づき，データの階層性を考慮した分析を行った。
(4) ゼミナールの授業構成とは，「学生の特性把握が教育目標と学習目標の設定に影響を与え，次に，目標の設定が学習活動と学生に対する指導につながるという一連のプロセス」を表している（伏木田ほか 2014）。
(5) (3)と同じ。

参考文献

安西祐一郎（2013）「『主体性』を身につける──PBL の有効性と課題」『大学時報』349：
　　30-37.

荒井克弘（1989）「科学技術の新段階と大学院教育」『教育社会学研究』45：35-50.

Astin, W. A.（1993）*Assessment for excellence : the philosophy and practice of assessment and evaluation in higher education*, Phenix, Arizona : ORYX press.

別府昭郎（2005）「近代大学としてのゲッティンゲン」『広島大学　高等教育研究開発セン
　　ター　大学論集』35：385-402.

Fink, D. L.（2003）"A self-directed guide to designing courses for significant learning."
　　https://www. deefinkandassociates. com/GuidetoCourseDesignAug05. pdf（accessed
　　2019.11.23）

Fraser, J. B., Treagust, F. D., & Dennis, C., N.（1986）"Development of an instrument for as-
　　sessing classroom psychosocial environment at universities and colleges," *Studies in
　　Higher Education*, 11(1) : 43-54.

船曳健夫（2005）『大学のエスノグラフィティ』有斐閣.

伏木田稚子・北村智・山内祐平（2011）「学部 3，4 年生を対象としたゼミナールにおける
　　学習者要因・学習環境・学習成果の関係」『日本教育工学会論文誌』35(3)：157-168.

伏木田稚子・北村智・山内祐平（2012）「テキストマイニングによる学部ゼミナールの魅
　　力・不満の検討」『日本教育工学会論文誌』36(Suppl.)：165-168.

伏木田稚子（2013）「教員がゼミナールの授業構成上で抱える困難の検討」『第19回大学教育
　　研究フォーラム発表論文集』：92-93.

伏木田稚子・北村智・山内祐平（2014）「学部ゼミナールの授業構成が学生の汎用的技能の
　　成長実感に与える影響」『日本教育工学会論文誌』37(4)：419-433.

平生美穂・米谷雄介・永岡慶三（2015）「ゼミ活動形態授業におけるルーブリック活用の有
　　効性」『日本教育工学会研究報告集』：525-532.

井ノ上憲司・高橋充・鈴木克明（2004）「多点間の遠隔地双方向ゼミナールを支援するシス
　　テムの構築」『日本教育工学会第20回全国大会講演論文集』：831-832.

金子元久（2008）「『学士力』か『教育力』か」『IDE 現代の高等教育』505：14-19.

菊島正浩・寺本妙子・柴原宜幸（2018）「大学生における批判的思考力と態度の育成を目的
　　とした教育プログラムの実践と評価」『日本教育工学会論文誌』41(4)：427-437.

北村智・岡本絵莉（2010）「工学系大学院の研究室教育における学生の満足度および成長の
　　自己評価と研究業績の関係」『日本教育工学会論文誌』34(2)：95-103.

小林里紗・米谷雄介・永岡慶三（2015）「フェルミ推定を用いた効果的なグループディス
　　カッションの構成人数の考察」『日本教育工学会研究報告集』：533-540.

米谷雄介・中谷奈津美・永岡慶三（2015）「統合ゼミ活動支援システムの構築」『日本教育工
　　学会研究報告集』：517-524.

米谷雄介・永岡慶三（2016）「ゼミ活動を大学教育の中心に：SMS：統合ゼミ活動支援シス
　　テムの提唱と開発状況」『日本教育工学会研究報告集』：307-313.

米谷雄介・岸田晃・永岡慶三（2017）「統合ゼミ活動支援システムにおけるファシリテー

ション能力育成の試み」『日本教育工学会研究報告集』：719-724.

小坂井聖也・永岡慶三（2014）「ゼミ活動型授業におけるコミュニケーション教育を目的と
　したワークショップの試み」『日本教育工学会研究報告集』：373-380.

桝井猛・那須靖弘・梶木克則・上向井照彦（2000）「PC-UNIX を利用したバーチャル・ゼ
　ミの構築」『日本教育工学会第16回大会講演論文集』：357-358.

毛利猛（2006）「ゼミナールの臨床教育学のために」『香川大学教育実践総合研究』12：
　29-34.

毛利猛（2013）「学部ゼミナールの運営を考える」『第18回 FD フォーラム報告集』：
　441-446.

向居暁（2012）「大学のゼミナール活動における批判的思考の育成の試み」『日本教育工学会
　論文誌』36(Suppl.)：113-116.

村上正行・神藤貴昭・曽根直人（2003）「遠隔ゼミにおける受講生のメディア活用」『日本教
　育工学会第19回全国大会講演論文集』：859-860.

村上正行・神藤貴昭・杉原真晃（2004）「コミュニケーションを意識させる遠隔ゼミの授業
　デザイン」『日本教育工学会第20回全国大会講演論文集』：1001-1002.

森朋子（2013）「初年次セミナー導入時の授業デザイン」初年次教育学会（編）『初年次教育
　の現状と未来』世界思想社：159-173.

中村博幸（2009）「ゼミを中心としたカリキュラムの連続性〜学生が育つ授業・学生を育て
　る授業−教員と学生が授業をつくる〜」『嘉悦大学研究論集』51(3)：1-13.

中村博幸・矢内秋生・秋尾保子（2000）「インターネットのメッセージボードを利用したゼ
　ミの展開：ゼミ学習のためのスキルとしての電子合同ゼミ」『日本教育工学会第16回大
　会講演論文集』：349-350.

中村康則・向後千春（2012）「ビジネスプロセスモデルによる非同期型オンラインゼミナー
　ル運営方法の提案」『日本教育工学会研究報告集』：33-40.

中村康則・向後千春（2014）「グループウェアを使ったゼミ運営の実践と展望」『日本教育工
　学会研究報告集』：21-28.

中村康則・川上祐子・向後千春（2016）「グループウェアを用いた社会人学生向けオンライ
　ン専門ゼミの発言構造」『日本教育工学会研究報告集』：21-28.

岡本絵莉・北村智・山内祐平（2012）「工学系分野の研究室における集団活動と大学院生の
　満足度および成長の自己評価と研究業績の関係」『科学教育研究』36(1)：14-26.

大浦弘樹・立田ルミ・赤堀侃司（2004）「遠隔ゼミの長期実践と参加者の意識変化について
　の考察」『日本教育工学会第20回全国大会講演論文集』：893-894.

尾澤重知・佐藤綾子・村上正行・望月俊男・國藤進（2002）「学習者構成型授業における学
　習環境デザインの特徴と構造：電子掲示板を用いた遠隔間合同ゼミにおける合同合宿の
　プランニングの分析」『日本教育工学雑誌』26(30)：143-154.

酒井浩二・小林薫（2012）「ゼミでの産学連携 PBL の実践報告」『日本教育工学会研究報告
　集』：87-94.

清水裕士・村山綾・大坊郁夫（2006）「集団コミュニケーションにおける相互依存性の分析
　（1）――コミュニケーションデータへの階層的データ分析の適用――」『信学技報』

23：1-6.

杉谷祐美子・山田剛史（2013）「大学での学習」『ベネッセ教育総合研究所 第2回　大学生の学習・生活実態調査報告書』
　　http://benesse.jp/berd/center/open/report/daigaku_jittai/2012/hon/index.html（accessed 2013.07.07）

田口真奈・村上正行・神藤貴昭・溝上慎一（2000）「大学間合同ゼミにおけるインターネットの役割」『日本教育工学雑誌』24(Suppl.)：59-64.

武田亘明（2014）「3年生ゼミ活動における実践的学びの場のデザイン」『日本教育工学会研究報告集』：305-310.

梅根悟（1970）『大学教育論』誠文堂新光社.

潮木守一（1997）『京都帝国大学の挑戦』講談社.

潮木守一（2006）「フンボルト理念とは神話だったのか──パレチェク仮説との対話」『広島大学　高等教育研究開発センター　大学論集』38：171-187.

渡部信一（2013）『日本の「学び」と大学教育』ナカニシヤ出版.

山方沙耶佳・米谷雄介・永岡慶三（2017）「統合ゼミ活動支援システムにおける個別評価項目を用いたプレゼンテーション能力育成の試み」『日本教育工学会研究報告』：725-730.

柳沢昌義（2007）「大学の英文輪読ゼミナール支援のための学生の翻訳方法とその支援に関する研究」『日本教育工学会研究報告集』：161-166.

矢内秋生・中村博幸・秋尾保子（2000）「インターネットのメッセージボードを利用したゼミの展開──演習テーマの広がりと深みをサポートするネットワーク」『日本教育工学会第16回大会講演論文集』：79-80.

吉原惠子（2010）「学生の学習態度・学習経験とジェネリックスキルの評価」『平成19年度科学研究費補助金 基盤研究(B)　学士課程教育のアウトカム評価とジェネリックスキルの育成に関する国際比較研究報告書』：53-59.

第7章

地域と共に真正な学びを実現する，
サービスラーニング

時任隼平

7.1 サービスラーニングの定義と教育方法としての特徴

　サービスラーニングとは，「サービス活動」と「学習活動」を一体化させたものであり，他者や社会にとって役に立つ活動（サービス）への参画を通した学習（ラーニング）を目的とした教育プログラムである。高等教育がティーチングからラーニングへと重点を切り替えるなか，学生が「学びがい」を実感できるような教育方法の模索が続けられており，サービスラーニングはその一つと言える。米国において発展し，サービスをベースとした学習アプローチとして注目を浴びたサービスラーニングは1990年代に入り，日本でも徐々に注目されるようになってきた。本章では，日本国内の高等教育におけるサービスラーニングの捉え方を確認するとともに，教育工学研究における知見を整理する。

　サービスラーニングはこれまで多様な視点から定義されており，Kendall and Associates（1990）や Furco and Billig（2001），Jacoby and Associates（2003）や Butin（2010）をみても，重点の置き方に微妙な異なりがあるのがわかる。そして，日本国内においてもボランティア学習やインターンシップなど類似の内容を示す言葉がいくつか存在する。ここでは，サービスラーニングに関する共通理解として定まりつつある定義と特徴について説明する。

7.1.1 教育政策上の扱い

　2012年の中央教育審議会答申「新たな未来を築くための大学教育の質的転換に向けて〜生涯学び続け，主体的に考える力を育成する大学へ〜」（文部科学省2012）の用語集において，サービスラーニングは以下のように説明されている。

> 　教育活動の一環として，一定の期間，地域のニーズ等を踏まえた社会奉仕活動を体験することによって，それまで知識として学んできたことを実際のサービス体験に活かし，また実際のサービス体験から自分の学問的取組や進路について新たな視野を得る教育プログラム。
>
> 　サービス・ラーニングの導入は，① 専門教育を通して獲得した専門的な知識・技能の現実社会で実際に活用できる知識・技能への変化，② 将来の職業について考える機会の付与，③ 自らの社会的役割を意識することによる，市民として必要な資質・能力の向上，などの効果が期待できる。

　これを見ると，サービスラーニングの特徴は a) 1 時間や 2 時間ではなく，ある程度まとまった期間で学習すること，b) 活動は，「学習者がしたいこと・教授者がしたいこと」といった学校教育の中での需要だけではなく，地域の需要にも配慮していること，c) 授業で学んだ知識を，地域での活動に活かす場があること，d) 学問や自らの進路に関する学習を促すことの 4 点であるといえる。

　では，具体的にサービスラーニングとはどのような教育活動なのだろうか。その特徴を整理する。

7.1.2　アクティブラーニングとしてのサービスラーニング

　政策文書として公開されている用語集などにおいてアクティブラーニングとサービスラーニングはそれぞれ別々に紹介されていることから，両者は異なるものであるという誤解が生じるかもしれないが，実際はそうではない。「初等中等教育における教育課程の基準等の在り方について（諮問）」（文部科学省 2014）においてアクティブラーニングの説明に発見学習や問題解決学習，体験学習，調査学習等が含まれていることからもわかるように，アクティブラーニング自体は広義である。「授業内での書く・話す・発表等の認知プロセスの外化」（溝上 2014）という特徴に加え地域社会での活動が伴うサービスラーニングは，アクティブラーニング型の教育手法の一つであるといえる。

　つまり，能動的な学習全体を示す統括的な言葉としてアクティブラーニング型授業があり，その一つとしてサービスラーニングがあるといえる。しかし，

同じアクティブラーニング型授業に位置づけられるとはいえ，問題解決型学習が「問題の解決」に重点を置く学習方法であるように，サービスラーニングにも他とは異なる重点があると考えられる。次に，他の誤解の生じやすい教育方法との違いについて説明する。

7.1.3　ボランティア学習（地域社会への奉仕活動）との違い

　米国において，サービスラーニングの取り組みは米国政府後援による民間ボランティア組織「平和部隊（Peace Corps）や，国家及びコミュニティサービス法の設置など，公民教育の流れの中で誕生してきたといわれており（Jacoby and Associates 1996），国民の地域や国家への貢献を促すといった意図が基本にあった。その後，取り組む中身について様々な議論が交わされる中で，ラーニングの重要性についても指摘されはじめ，サービスラーニングは単なるボランティア学習ではないことが当初から明確に主張されていた。たとえば，佐々木（1999）はサービスラーニングが伝統的なボランティア活動の概念に基づくものの，ボランティアサービスを提供する学生側とそれを受ける側とが対等の互酬関係に立つため，一方的な奉仕活動であるボランティア活動やラーニングを強調するフィールドスタディ（実地研究）とは異なる点を指摘している。こういった，地域と学生双方にメリットが生まれるサービスラーニングの特徴は互恵性であり（桜井・津止 2009），学習活動を展開する上で重視されている。

　このような，サービスラーニングとボランティア学習を区別する考え方は，2000年代に入ってからも変わっていない。日本では，1990年代後半から教育課程審議会等で「生きる力」や「社会に貢献できる資質」等の育成が教育的課題として挙げられるようになったが，そういった道徳的な教育的効果のみならず，教科教育をベースとし，実社会での活動を経験主義的教育として取り入れるといった捉え方が現在でもされている（津止 2009）。

7.1.4　実習・インターンシップ・フィールド調査等との違い

　日本では，これまで講義型授業だけでなく，教室外での学習活動を授業に取り入れてきた。たとえば，実習（教育実習や看護実習等）や企業へのインター

ンシップ等である。実習やインターンシップ，フィールドスタディ等とサービ
スラーニングの違いは，サービスの対象である地域コミュニティーへの貢献の
有無である。たとえば実習の場合，主たる目的は実習生の知識・技能の向上で
あり，実習の成果が対象にどのような影響を与えたのかは，あまり考慮される
ことがない。また，実習のプログラム内容も実習生にとってより効果的になる
よう構成されている。つまり，サービスを提供する側としての実習生，サービ
スを享受する側としての受け入れ先という構図は成立し得ないといえる。

　しかし，サービスラーニングはそれとは異なり，サービスの結果が受け入れ
側にどの程度貢献できたのかにも焦点が当てられる。活動プログラムは地域の
ニーズに基づき構造化され，そのニーズに対するアプローチによってどのよう
な効果があったのかが判断される。そして，学生は貢献を通した活動を経て得
た学びを教室での学びにどのように結び付けるのかが重要になってくる。

　もちろん，すべてのサービスラーニングがサービスとラーニングの重点をバ
ランスよく保っているわけではないが，どのような重点の置き方であれ，学習
者が取り組む活動は地域社会のニーズ（解決すべき課題等）に沿ったものであ
り，そこへの貢献を目的としている点が従来の実習やインターンシップ等との
相違点である。

7.2　サービスラーニングにおける真正な学習

　サービスラーニングを展開する時に授業担当者を悩ますのが，どのような活
動（サービス）をプログラムとして準備するのかである。文部科学省（2012）
にある，「地域のニーズ等を踏まえた社会奉仕活動」という言葉では，具体性
が無いためどのような活動がそれに該当するのかイメージをもつことが難しい。
ここでは，サービスラーニングで取り組む活動（サービス）を真正な学習
（Authentic Learning）の観点から考えることで，プログラムが含むべき特徴を
説明する。

　「キャンパス外で行われる実社会での学習活動」とはどのようなものなのだ
ろうか。真正な学習の観点から見ると，地域に存在する課題は住民や地域に影

響力をもつものであり，真正（Authentic）な課題だということができる（Herrington & Herrington 2006；Lombardi & Oblinger 2007）。それらは，授業者の教育目的に基づき造られた「操作的に定義された問題」ではなく，現実社会に存在するものだからだ。真正な学習では，真正な課題の解決に向けて学生が地域住民とコミュニケーションを取り協働する事を通して学ぶことを重視する。Herrington & Herrington（2006）は真正な学習の特徴を以下の9つに整理している。

(1) 知識が必要とされる現実的な文脈

(2) 複雑で，定義されていない活動

(3) 専門家との接触

(4) 活動の中で複数の役割を担い多角的に問題を捉えることができる視点

(5) 協働（問題解決）の中で構成する知識

(6) 社会的振り返り

(7) 言語化

(8) コーチングと足場かけ

(9) サービスの対象者からの評価

　真正な学習を取り入れた授業では，あらかじめ教員によって準備された課題を単に教室から地域へと場所を変えてこなすだけでは，あまり意味がない。学生が日々の授業で習得した知識を生かすことができるような現実的な文脈の設定が必要になる(1)。また，教員が準備したはじめからゴールや解答がわかっている課題と比べ，実社会において生起する課題は様々な要因が複雑に絡み合った解決が困難なものが多い。誰かによって作られたものではなく，日常生活の中で発生した課題を用いるのが良い(2)。その際，地域で生起する課題の解決には学習者たちだけで関わるのではなく，専門家とコミュニケーションを取り，時には協働し，課題解決のプロセスを体験する機会を準備することが重要となる(3)。

　人は課題解決のプロセスにおいて多様な役割を担う。リーダーとしてグループをリードする時があれば，フォロワーになる時，調整役にまわる時もある。サービスラーニングでは，固定した役割だけでなく，複数の役割を担い学ぶ必

要がある。また，サービスラーニングでは課題を捉える視点も多角的になる必要がある。たとえば，人口減少という現象を社会学の視点から捉えるのか，あるいは経済学の視点から捉えるのかによって見えるものは異なってくるからだ(4)。

　真正な学習を取り入れた授業において，協働は重要な要素である。そして，協働において大切なことは単に他者と共に働くだけでなく，共に問題解決をすることである。暗記を中心とした学習のように単独で学ぶのではなく，他者との協働を通して学ぶべきである。また，活動を円滑に進めるために電子掲示板等の ICT ツールを用いることが推奨される(5)。

　真正な学習を取り入れた授業において，振り返りは一人でするだけでなく，他者と共に行うことでより振り返りの内容に深まりが生まれる。特に，専門家と共に行う振り返りによって学生たちは自分たちのパフォーマンスをより適切に客観視することができ，他者との相対的な比較による社会的振り返りを可能とする(6)。そして，振り返りの場面以外においても，学生たちは考えたことや感じたことを言語化し，他者と議論する必要がある。特に，共に活動に参加する学生同士で積極的に議論を行い，クラス内で共有したりインターネットで発信したりする機会が重要となる(7)。

　これらの活動を促進するためには，教員によるコーチングと足場かけが必要になる。教員は，ティーチング（教授）の概念から離れ，協調的な学習の場において学習をメタな視点から援助する立場になる。また，学生が単独では手の届かない領域へと進むために足場かけをすることが求められている(8)。最後に，これらの活動すべてが評価の対象になっており，サービスの受け入れ先からのフィードバックを含めた真正な評価が重要になる(9)。

　これらの真正な学習の概念は，サービスラーニングにおいてどのような活動をプログラムに盛り込むのかを考える際の重要なヒントとなる。単に，地域に関する活動を扱うだけでは，地域に対するサービスにはなり得ず，また学生が現実社会の課題から多くを学び得ることも難しい。真正な学習のもつ 9 つの特徴を参考に，活動を準備する必要があるといえる。

7.3　教育工学研究におけるサービスラーニング

　これまでの教育工学会研究において，サービスラーニングは数多く取り上げられてきたわけではない。日本教育工学会論文誌（ショートレター含む）において2019年 9 月現在確認できるサービスラーニングに関する研究は 5 本である。ここでは，それらの内容を整理し，教育工学研究においてサービスラーニングに関するどのような知見が蓄積されてきたのかを概観する。

7.3.1　主に学生の成長内容に着眼した研究

　1998年以降徐々に取り組まれ始めたサービスラーニング研究では，プログラムの成果の事例的な提示と具体的なプログラム内容に関する説明が多く（中野・西野 2006），また比較的少数のサンプルを用いた定性的評価による事例研究になる傾向があった。そこで，サービスラーニングが具体的に学生のどのような成長につながっているのかに着眼したのが，木村・中原（2012）と木村・河井（2012）論文である。

　木村・中原（2012）によって明らかになったことは，サービスラーニングが学生の「社会参加志向」獲得に効果をもたらしていることである。広島経済大学で実施されている興動館プロジェクトの受講生（経験群）303名とプロジェクトに参加していない学生（非経験群）168名を対象に質問紙と半構造化インタビューを実施し，サービスラーニングが社会的有効性意識（地域や社会に積極的に参加し，影響を与えることができるという意識に関する項目）の獲得に対して有意な教育方法であることが示唆された。

　木村・河井（2012）では立命館大学で実施されている正課科目「地域活性化ボランティア」の受講生81名を対象に質問紙調査を実施し，サービスラーニングにおける活動中の「経験」と学習成果にはどのような関係があるのかが検証された。具体的には，「地域活性化ボランティア」において総合的に学習成果を得るための知見として下記の項目等が示された。

- 問題解決活動や積極的関与は，個人の学習成果である「スキル（汎用的能力等を示す因子）」「パーソナル（授業での充実度や人間的成長等を示す因子）」「アカデミック（授業で得た新しい知識等の因子）」「インクワイアリー（学術的・専門的探究心に関する因子）」に対して正の効果がある。
- サービスラーニングにおける現場での協働は，個人の学習成果の一つである「アカデミック」と社会的成果である「シビック（地域への成員意識や有効性意識）」に対して正の効果をもつ。
- 教員やコーディネーターからの支援が，個人的学習成果の一つである「インクワイアリー」と「シビック」に対して高い正の効果がある。

　これら木村・中原（2012）と木村・河井（2012）の研究は，構造が極めて複雑になりがちなサービスラーニングという学習活動において，具体的にどのような学習成果が生まれているのかを定量・定性的に示したものである。そして，このような学習成果を生み出すためにはどのような教育支援が必要であるかに着眼したのが，河井・木村（2013）のリフレクションとラーニング・ブリッジングに関する研究である。ラーニング・ブリッジング（LB）とは複数の場面における学習を架橋することを意味しており，この研究ではリフレクションとLBの役割を明らかにするために，立命館大学の授業科目「地域活性化ボランティア」履修生61名を対象に質問紙調査を実施している。

　河井・木村（2013）の研究によって明らかになったことは，リフレクション（授業を通じて行った意識的考察）と3つのLB（「この授業における活動と学習とのLB」「この授業と他の授業等とのLB」「この授業とこれまでの学習とのLB」）の関係性に関する下記の項目等である。

- リフレクションとLBに取り組むということが，授業を通じて学習成果を達成する上で重要である。
- 「スキル」「アカデミック」「インクワイアリー」（木村・河井 2012）の学習成果の達成のためには，リフレクションだけでなく，活動と授業との間，ほかの授業との間，これまでの学習とこの授業との間を往還しながら架橋して異なる学習を統合していくLBが重要な役割を果たす。
- 地域への成員意識や有効性意識を育む上でリフレクションが重要な役割を果たす。

- 知識の獲得や好奇心という観点及び学術的・専門的探究心の涵養という観点から
は，リフレクションだけでなく複数の異なる学習を結びつけて統合する LB が重
要な役割を果たす。

　このように，河井・木村（2013）では，サービスラーニングにおける学生の
学習とそれを支える教育支援の方法をより具体的にしている。特に，3 つのパ
ターンの LB とリフレクションの関係性を示すことで，学習時のリフレクショ
ンの在り方が明確になったといえる。

7.3.2　主に，教員側からの支援に着目した研究

　これに対し，教員側や地域住民側に着目したのが，杉原・橋爪ら（2015）で
ある。杉原・橋爪ら（2015）で取り組まれたのは，地域住民と大学教員による
サービスラーニングを評価するための基準の協働的開発である。これまでレ
ビューしてきた学習の成果に関する知見は間接評価が中心であり，正課授業と
して学生を直接評価するためのものではない。特に，学習活動が地域での活動
と複雑に絡み合った構造になるサービスラーニングの場合，学習活動が地域側
にどう受け止められたのかも含めて評価項目・基準を作成する必要がある。杉
原・橋爪ら（2015）では，山形県におけるサービスラーニングを受け入れる現
地住民も評価に加わる実践を取り上げ，その成果について分析を行った。その
結果，地域住民と大学が協働で開発した評価基準を学生に提示し，活用するこ
との成果として下記の項目等が明らかとなった。

- 現地での活動・学習にかかる目標の意識化・再設定，意義・方法・役割の明確化，
現地の人々や他学生との意義の共有・一体感の獲得等に対して，評価基準は有用
である。
- 現地にて重要視されており，学生がそれを達成し，評価基準がそれに対して有用
であったと感じられる項目として，「積極的に活動するようになる」「積極的に地
域の方々に話しかけるようになる」「学生同士，協力しあって活動するようにな
る」「地域の活性化・発展のためのアイディアを深く考える」等，多数ある。
- 現地にて重要視されているが，学生の達成度および評価基準の有用性があまり高

くない項目には，「地域の人々（高齢者や子どもも含む）に刺激を与える」「大学で学ぶ目的意識が強くなる，目的が明確になる」などがある。

7.3.3　主に，地域住民側に着目した研究

　学生の学習や教員からの支援だけでなはなく，地域社会に着目したのが，時任・橋爪ら（2015）である。この論文は，161名のサービスラーニング受け入れ担当の住民を対象に質問紙調査を実施しサービスが具体的に地域住民にとってどのような影響を及ぼしたのかを分析した。その結果，下記項目が明らかとなった。

- 地域住民の経済的利益に対する気持ちは，サービスラーニング受け入れに有意な影響を与えていない。
- 地域住民の労働力補完という気持ちは，サービスラーニング受け入れに有意な影響を与えていない
- 地域住民の地域に対する愛着は，サービスラーニング受け入れに有意な正の影響を与えている。
- サービスラーニングを受け入れることによって住民間同士の交流やかつて地域に存在した地域行事が復活するため，それが住民のこれからも地域が存続していって欲しいという願望に繋がっている。
- サービスラーニングを受け入れる際には，住民は地域に存在する既存の地域活動と融合させている。
- 大学の教員だけでなく，サービスラーニングを受け入れる住民も学生に対して教育的意識をもっている。

　図7-1は，ここまで説明してきた5つの論文の着眼点を整理したものである。木村・中原（2012）と木村・河井（2012），河井・木村（2013）は主に学生側の学習（メリット）に着目しているため，（A）に該当する。そして，杉原・橋爪ら（2015）は教員が学生の学びを支援するための評価方法について検討しているため，教育支援に着目した研究であるといえる。一方，時任・橋爪ら（2015）の着眼点は教員や学生ではなく，サービスを受け入れる地域住民側（C）に置かれていることがわかる。

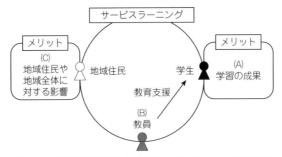

図7-1 教育工学研究におけるサービスラーニング研究の着眼点

サービスラーニングは，地域での活動に参加をしようとする学生やそれを支援する教員，そして地域での活動を受け入れる地域住民によって成り立っている。サービスラーニング研究を通して，地域と学生・教員双方にとって意味のある知見を蓄積していく必要があるといえる。

参考文献

Butin, W. Dan (2010) *Service-learning in Theory and Practice*, Palgrave Macmillan.

Furco, A. and Billig, H. S. (2001) *Service-Learning-The Essence of the Pedagogy*, Information Age Publishing.

Herrington, Tonny and Herrington, Jan (2006) *Authentic Learning Environments in Higher Education*, Information Science Publishing.

Jacoby, Barbara and Associates (1996) *Service-Learning in Higher Education : Concepts and Practices*, Jossey-Bass.

Jacoby, Barbara and Associates (2003) *Building Partnership for Service-learning*, Jossey-Bass.

河井亨・木村充（2013）「サービス・ラーニングにおけるリフレクションとラーニング・ブリッジングの役割：立命館大学「地域活性化ボランティア」調査を通じて」『日本教育工学会論文誌』36(4)：419-428.

Kendall, J. C. and Associates (1990) *Combining Service and Learning-A Resource Book for Community and Public Service*, Volume I, National Society for Internships and Experiential Education.

木村充・中原淳（2012）「サービス・ラーニングが学習成果に及ぼす効果に関する実証的研究——広島経済大学・興動館プロジェクトを事例として」『日本教育工学会論文誌』36(2)：69-80.

木村充・河井亨（2012）「サービス・ラーニングにおける学生の経験と学習成果に関する研

究——立命館大学『地域活性化ボランティア』を事例として」『日本教育工学会論文誌』36(3)：227-238.

Lombardi, M. M and Oblinger, G. D. (2007) "Authentic Learning for 21st Century: An Overview," *Educause Learning Initiative*, 1：1-12.

溝上慎一（2014）『アクティブラーニングと教授学習パラダイムの転換』東信堂.

文部科学省（2012）「新たな未来を築くための大学教育の質的転換に向けて～生涯学び続け，主体的に考える力を育成する大学へ～（答申）」中央教育審議会.

文部科学省（2014）「初等中等教育における教育課程の基準等の在り方について（諮問）」中央教育審議会.

中野真志・西野雄一郎（2006）「サービスラーニングの理論モデルに関する研究」『愛知教育大学教育実践総合センター紀要』9：1-8.

桜井政成・津止正敏（2009）『ボランティア教育の新地平——サービスラーニングの原理と実践』ミネルヴァ書房.

佐々木正道（1999）「サービスラーニング」文部省大学局学生課『大学と学生』409，第一法規出版.

杉原真晃・橋爪孝夫・時任隼平・小田隆治（2015）「サービス・ラーニングにおける現地活動の質の向上——地域住民と大学教員による評価基準の協働的開発」『日本教育工学会論文誌』38(4)：341-349.

時任隼平・橋爪孝夫・小田隆治・杉原真晃（2015）「過疎地域におけるサービス・ラーニング受け入れに関する研究」『日本教育工学会論文誌』39(2)：83-95.

津止正敏（2009）「学校教育とボランティア活動を巡って——本書の論点整理」桜井政成・津止正敏（2009）『ボランティア教育の新地平——サービスラーニングの原理と実践』ミネルヴァ書房.

第2部
教員支援を目的とした実践研究

第8章

教育データ分析による教員支援

松河秀哉

8.1　教育データ分析と LA

　近年，データに基づいて，教育活動の分析や授業改善を模索する流れが，世界的に高まってきている。これには，「学生の変化，高等教育の国際化，市民や政府からのアカウンタビリティへの要求」（武田 2012）などの社会的な変化への対応の必要性が考えられる一方で，ビッグデータという言葉に象徴されるように，コンピュータやセンサ，ネットワークなどの技術が急速に進歩したことにより，教育の周辺で入手できるデータの種類や量が飛躍的に高まったことも大きな要因であろう。

　こうした流れに対応した研究分野の一つが，LA（Learning Analytics）である。LA は，同領域の研究者を集めて開催された第 1 回国際会議である 1st International Conference on Learning Analytics and Knowledge 2011（2011）の web ページにおける定義では，「学習や，学習が生じる環境を理解し，最適化することを目的として，学習者や学習者がおかれた状況についてのデータを測定，収集，分析すること」を指す。分析手法としては，統計分析や，機械学習，データマイニング，社会ネットワーク分析，可視化などが用いられる。

　日本においても LA の研究は広がりを見せ始めており，2013年の教育工学会全国大会では，LA に関連した課題研究のセッションが企画された。また，2017年には，日本教育工学会論文誌で，「教育情報化時代のラーニング・アナリティクス」と題した特集が組まれ，LA に関連した研究に関する総説（山田 2018）や，LA や IR と教育工学の関わり（松田・渡辺 2018），初・中等教育おける LA の展望（森本・稲垣 2018），ならびに高等教育おける LA の展望（緒方

2018）が論じられている。

　この特集号には，トピックモデルを用いて授業評価アンケートの自由記述を分析した研究（松河ほか 2018）や，手書きワークシートをデジタル化した際のファイルサイズを用いて学習評価の可能性を検討した研究（網岡ほか 2018），ペアプログラミングと反転学習を導入したコンピュータシミュレーション実習における履修者の学習活動を LMS 上の学習記録やアクセスログ，アンケート結果などから分析した研究（鈴木・廣川 2018），ならびに，ベイジアンネットワークを用いて学士課程の学生の学修状態の推移プロセスをモデル化した研究（近藤・畠中 2018）の4編の論文と，3編の資料が掲載されている。

　これらの研究はいずれも，データに基づいて教育活動を把握・理解し，改善に結びつけようとするものであり，LA の特徴を捉えたものであるといえる。

　LA を活用した教育・学習の研究や授業改善について山川ら（2012）は，(1) SNS や LMS などを通した学習活動の実践を行い，ログデータなどを授業に関連するデータを収集する，(2)可視化プラットフォームを使って，それらのデータを可視化する，(3)可視化された図表を見て，学習過程の分析を行い，学習がいかに行われるのかについての仮説を立てる，(4)その仮説を授業実践にフィードバックするという循環モデルを提示している。山川らはこの循環モデルが，従来一般的に行われてきた LA のプロセスであるとした上で，学習がいかに行われるのかについて仮説を立てるために，従来のループとは別に，シミュレーションや数理モデルを活用して学習モデルの構築を行い，その結果を仮説構築にフィードバックする循環を追加したモデルを提案している。授業過程のモデル化や，データに基づいた授業改善は，LA という言葉が用いられる前から行われていたことではあるが，LA の出現によって，こうしたプロセスをより意識的かつ効果的に遂行できるようになってきたといえるだろう。

　ビッグデータの時代を迎え，今後は，様々な種類の学習データの蓄積と，LA におけるデータ分析手法の発展が車の両輪のように機能しながら，教育に関連する諸要因間の関係がどんどん明らかになっていくと思われる。こうした時代おいて，データに基づいた授業改善に取り組んでいく場合には，授業改善につながる分析結果を正しく見極めて活用することが特に重要になってくる。

　なぜなら，LA の分析技術が進み，大量のデータから，多種多様な変数間の関係が半ば自動的に大量に判明するようになると，たとえば，いわゆる偽相関が生じているような2つの変数間の関係に着目してしまうようなケースも生じやすくなるだろう。その場合は，いくら片方の変数を取り上げて処遇を行っても，もう一方には何の効果もないといったことになりかねない。こうした危険性を回避するためには，従来にもまして，分析対象とするデータの性質を正しく理解するように努めると同時に，改善の対象にしようとする教育活動についても，その活動をよく知る実践者と対話を重ねるなどして，深く理解する必要がある。

　LA はデータの分析を通して授業改善にエビデンスを与えてくれるが，それだけで，あらゆる授業に対する改善策が得られる魔法のツールでは決してない。分析対象とするデータや，改善しようとする実践に対する深い理解をともなって LA に取り組んだとき，初めて効果的な教育改善が可能となる。そのことが広く理解された上で，データに基づいた教育改善が普及していくことを期待したい。

8.2　授業評価アンケートを用いた授業改善

　前節では，LA に代表されるデータに基づいた教育改善について述べたが，高等教育において，データに基づいた教育改善を考えた場合，最初に想起されるのは，授業評価アンケートの活用ではないだろうか。授業評価アンケートは，我が国では，FD の義務化や教育の質保証などの流れをうけて，近年急速に導入が進んだが，大学教育学の領域では1985年ごろから学生による授業評価に対して言及が行われており（絹川・原 1985），その歴史は比較的長い。

　教育工学における，授業評価に関する研究に目を向けてみると，「学生が講義からうける印象，感想，講義に対する期待，要求などを教師にフィードバック」（坂本・牟田1975）するシステムの開発研究など，より古くから取り組まれていたことがわかり，教育の質の向上を指向する学問領域としての性質がよく表れているといえる。以下では，特に教育工学の高等教育分野の研究の中で，授業評価アンケートがどのように分析され，利用されてきたかを概観すること

で，今後のデータに基づいた教育の質の向上に対する手がかりを示したい。

8.2.1　数値データの分析に基づいた研究

　現在，授業評価アンケートは，ほとんどの大学で実施されているが，その活用状況に関しては，単純集計された結果を教員個人や科目群ごとにフィードバックするにとどまっているケースが多い。しかし，授業評価アンケートは適切に分析されれば，授業や，科目，カリキュラムなど，大学の教育に関わる様々な状況を把握し，改善に活かすための情報源となり得る。近年の教育工学における高等教育分野では，こうした可能性に呼応するように，授業評価アンケートから有用な知見を導き出そうとする研究が盛んに行われるようになってきた。

　そうした研究のなかで，比較的多くみられるのは，複数の授業の授業評価アンケートの結果をとりまとめた上で，授業評価アンケートの項目間の関係を統計的に検討することにより，教育や学習がうまくいく要因を探ろうとするものである（星野・牟田 2006；田中・藤田 2004；谷口 2013）。授業評価アンケートは，たとえば「先生の話し方はわかりやすいですか」，「あなたは授業内容をどの程度理解できましたか」など，授業の状態や内容に関連する複数の項目に，5 段階程度のリッカートスケールで回答させるケースが多い。これらの研究では，因子分析や，共分散構造分析などを用いて，数値データとして回答された項目の背後に存在する要因の構造を分析し，たとえば，アンケートで回答される「授業の満足度」が，どのような要因の影響を受けているのかといったことなどを明らかにすることに主眼が置かれている。数値で回答される授業評価アンケート結果の活用例としては，データマイニングの手法の一つである回帰二進木分析を用いて，授業の満足度に影響を与える要因を樹形図状に可視化してフィードバックする研究も見られる（松河・齋藤 2011）。授業改善の観点からは，こうした研究は，授業評価結果の構造的な理解を通して，授業のある側面について改善するために，どのような点に注意を払うべきかといった示唆を与えてくれる点で重要である。

8.2.2　自由記述の分析に基づいた研究

① 単語出現頻度の比較

　より近年では，テキストマイニング技術の発展にともない，授業評価アンケートの自由記述も分析対象にすることが可能になってきた。授業評価アンケートの自由記述には，アンケート項目にあらかじめ定められた観点では捉えきることができない情報が豊富に含まれていると考えられる。しかし，記述内容に踏み込んだ分析は，これまで人力で行う必要があったため，一度に得られる自由記述が膨大な件数となる授業評価アンケートを対象とするのは，非常に困難なことであった。そのため従来，自由記述は，授業の担当教員にそのまま提供されたり，科目群ごとにまとめて報告書に掲載されたりするにとどまっており，担当教員が直接読むことで個人レベルの授業改善のリソースにはなっても，それ以上の活用は望めない状況が続いていた。ところが，形態素解析をはじめとするテキストマイニング技術によって，授業評価アンケートの自由記述の分析も現実的なものになったのである。

　形態素解析は，本来，分かち書きされていない日本語の文章を，意味的な最小単位である形態素に分解する技術のことであり，この技術の出現によって，文章中にどのような単語が何回出現したかをカウントすることが非常に容易になった。形態素解析は MeCab などの無償で利用できる形態素解析器の普及により，広く活用されている。

　授業評価アンケートの自由記述の内容に踏み込んだ分析を考えた場合，その基本となるのは，自由記述にどのようなことが書いてあるのかという概要把握である。自由記述の概要把握には様々な手法が考えられるが，最も単純には，どのような単語がどの程度出現したかを確認するだけでも，十分その目的に応えることは可能である。たとえば松河（2013）は，大阪大学の共通教育授業評価アンケートの自由記述を形態素解析したうえで，優れた授業を行った教員に授与される「共通教育賞」を受賞した経験がある教員の授業に対する自由記述と，受賞経験がない教員の授業に対する自由記述に出現する単語がどのように異なるかを，比率の差の検定を用いて分析している。その結果，共通教育賞受賞者の自由記述には，「すばらしい」「楽しい」「熱心」など，肯定的な意味の

単語が相対的に多い一方，非受賞者の自由記述には「つまらない」「難しい」「退屈」など，否定的な意味の単語が相対的に多いことを統計的に明らかにしている。

　この研究のように，2群間の単語出現頻度の違いを，比率の差の検定や，それと等価な検定方法であるカイ二乗検定（独立性の検定）を用いて統計的に比較する手法は，注目した2群の自由記述の内容に差があるかどうかを検討する，仮説検証型の研究には非常に活用しやすい。教育工学領域の例で考えると，教育に関して何らかの処遇を行った群と，行わなかった群の反応の差を，自由記述に含まれる単語の側面から検討し，処遇の効果として事前に想定していた観点に対応するような単語が，処遇を行った群に，より頻繁に出現するかどうかを確認するといった使い方が可能であろう。しかし，これまでのところ，こうしたデザインを取り入れた研究はほとんど見られないため，今後の進展が期待される。

② 多変量解析やネットワーク分析の適用

　一方，授業評価アンケートの自由記述を扱った研究の分析方法で，現在最も多く見られるのは，形態素解析の結果得られた各単語の出現頻度データに，多変量解析やネットワーク分析の手法を適用したものである。

　多変量解析の手法のうち，自由記述の概要把握を目的とした分析によく用いられるものに，クラスター分析がある。クラスター分析は大量のデータから相互に類似した構成要素を抽出してグループ化する分析である。最もシンプルな分析としては，各行（ケース）が1件ごとの自由記述，各列（変数）がその自由記述に含まれる各単語の頻度を表すデータセットを作成し，変数に対して階層的クラスター分析を適用すれば，樹形図状のデンドログラムの形で，共起関係が強い単語のクラスターを得ることができる。この場合，一つ一つのクラスターは，授業評価アンケートに含まれる話題を表していると解釈できる。

　反対に，ケースに対して階層的クラスター分析を適用することも可能である。その場合，デンドログラムが示すのは，単語の出現パターンが比較的似通った自由記述のクラスターの集合となる。いずれの場合も，最終的にはクラスター

に含まれる単語や，自由記述などを見ながら，分析者が各クラスターの意味を解釈する必要がある。また，クラスタリング対象とする変数やケースが極端に多い場合は，出力されるデンドログラムが大きくなりすぎ，解釈が困難になる問題がある。これを避けるために，一定の基準を設けてクラスタリング対象の数を絞ることも可能ではあるが，その際は基準の妥当性が問われることになる点には注意が必要である。

　自由記述の概要を把握する目的では，ネットワーク分析もしばしば用いられる。ネットワーク分析は，何らかの要素間の関係をノード（節点，頂点）とエッジ（枝，辺）からなるグラフ（ネットワーク）として表すことで，要素間の関係を，密度や中心性などの概念を用いて分析する手法である。自由記述の分析では，自由記述に含まれる各語をノードとし，各語の共起の回数や Jaccard 係数などに代表される共起の程度の強さに基づいて，各語の間をエッジで結ぶことで，語と語の関係を可視化する目的に用いられることが多い。

　ネットワーク分析による可視化では，共起関係が強い単語が，相互に結びついた塊となって近くに配置されるため，そのまとまりを視覚的に把握し，解釈することが容易である。ただし，ネットワーク分析で描き出される単語のまとまりは，あくまで単語間の共起関係に基づくものであるため，そのまとまりに対して行った解釈が妥当かどうかは，そのまとまりを構成する複数の単語を含む複数の記述の内容が，解釈に合致したものであるかを確認しながら慎重に検討する必要がある。また，分析対象とする単語数が極端に多い場合は，クラスター分析の場合と同様に，ネットワーク分析においても，生成されるネットワークが大きく複雑になりすぎ，解釈が困難になるという問題を抱えている。それを解消するために，たとえば出現数の上位100単語を用いるなど，一定の基準を設けることもできるが，その場合に基準の妥当性が問われることになるのも，クラスター分析の場合と同様である。

8.3　トピックモデルを活用した研究

　自由記述の概要把握を目的とした場合，現時点で最も有用な手法の一つと思

われるのがトピックモデル（Blei et al. 2003）を用いた分析である。トピックモデルは，文章に含まれる話題（トピック）を推定する手法であり，トピック分布にディリクレ分布を仮定し，ギブスサンプリングによるベイズ推定を行う，潜在ディリクレ分配モデル（Latent Dirichlet Allocation, LDA）がよく用いられている（岩田 2015；佐藤 2015）。この手法では，1つの文章が複数のトピックをもつと仮定し，文書に含まれる各単語にトピックを割り当ててベイズ推定を行うことで，文書集合全体の中に，どのような単語の集合から構成されるトピックが含まれているのか，という概要把握が可能になる。それと同時に，各文書がどのようなトピックから構成されているかについても推定が可能となる。トピックモデルでは，潜在的な単語間の関係も考慮されるため，従来の手法では難しかった，文脈によって同じ単語が違う意味を表すケースなどにも対応が可能であり，高い分類精度が期待できる。

　自由記述の概要把握の目的に利用する場合，トピックモデルを用いた分析は，クラスター分析やネットワーク分析に比較して，いくつか有利な点がある。クラスター分析やネットワーク分析では，前述したように，分析対象とする単語が多い場合，分析の結果生成されるクラスターやネットワークが大きく複雑になりすぎ，単語を意味のまとまりで分離したり，その意味を解釈したりすることが困難となる問題点があった。しかし，トピックモデルを用いた分析では，分析対象にどれだけ単語が含まれていても，トピックごとに，そのトピックを代表する可能性が高い単語の集合が確率順に整理された状態で出力されるため，意味のまとまりを人力で分離する必要がない。したがって，話題の分離という点で，客観性の高い分析が可能になると同時に，分析対象とする単語の面においても，単語数を恣意的に絞り込む必要がなくなるため，さらに高い客観性で，より情報量に富んだ分析を行うことが可能である。

　トピックモデルを用いた分析時においても，分析者の判断や解釈が必要な場面は存在する。一つは，自由記述全体から抽出するトピック数を決定する場面である。しかしこのときでも，perplexity や coherence といった客観的に算出できる指標を参考にすることが可能である。もう一つは，分析の結果，単語の集合として出力されるトピックを解釈して命名する場面である。この作業は

クラスター分析やネットワーク分析で行う話題の解釈に近いが，トピックモデルでは，1件ごとの自由記述が，どの程度の確率で各トピックに属するかが自動的に決定されているため，命名しようとしているトピックに属する可能性が高い自由記述はどのような内容かを確認しながら，命名することができる。これに対し，単語を変数としたクラスター分析やネットワーク分析では，単語の塊から解釈した話題と，その話題に対応する自由記述の組みあわせは自動的には決まらず，恣意的に基準を設けて，それらの単語を相対的に多く含む自由記述がその話題を代表していると見なす必要がある。したがってトピックの命名場面においても，トピックモデルは相対的に高い客観性を担保できる。トピックモデルを利用した分析が，クラスター分析やネットワーク分析に対して不利な点としては，ある程度の精度を出すために，相対的に多くの自由記述件数を必要とすることが挙げられるが，一度に数千件のデータが得られることが多い授業評価アンケートの分析ではこの点はほぼ問題にならない。

　トピックモデルを用いた授業評価アンケートの分析や応用に関しては，約6万件の自由記述データから170種類のトピックを抽出し，その妥当性を検証した研究（松河ほか 2017）がある。この研究では，自由記述を科目群の情報と紐付けた分析が行われており，各科目群に存在するトピックの割合や，全体の傾向と比較した各科目群のトピック分布の特徴が，クロス表によって可視化されている。また，松河ら（2018）は，教育分野の専門家が分析そのものではなく分析結果の活用に注力できるようにするため，トピックモデルを用いた分析を容易に実行できるソフトウェアの開発も行っている。

8.4　分析結果を効果的に活用する仕組みの必要性

　これまで述べてきたように，授業評価アンケートは，適切な分析を施すことで，授業改善への多くの手がかりを引き出すことができる。特に，トピックモデルを用いた分析によって，1件ごとの自由記述について，どういった内容が書かれているかを類型化して把握できるようになったため，たとえば，授業評価アンケートの数値で回答されている部分と，自由記述に書かれた内容の関連

の量的な分析など，従来は不可能であった分析も可能となり，授業評価アンケートの分析から引き出せる知見の幅はますます広がっていくといえる。

　しかし，そうした知見を効果的に授業改善に活かすには，知見を適切にフィードバックする仕組みを整えることが重要である。その仕組みは大きく分けて2つの方向性が考えられるであろう。一つは，FD の実施体制の組織的な拡充である。従来から，科目群ごとに FD 委員会等の FD 実施体制を整え，授業評価アンケートの集計結果を用いて，FD 活動を行っていた大学もあるかと思われる。しかし，上述したような，従来に比べて高度な分析を行おうとすると，授業評価とデータ分析の両方に一定の知識を備えた専門家と連携する必要が出てくるだろう。さらに，分析から得られた示唆を一般の教員が実際に授業で活用できるようにするためには，教育方法に関する専門家との連携した研修等の実施も必要になってくる。このように，授業評価アンケートの高度な分析の成果を，授業に十分にフィードバックするには，専門家の関与を含めたFD の実施組織や実施体制の拡充が不可欠である。さらに，授業評価アンケートの情報を，成績情報や各種学生調査と紐付けて分析するようになると，そこから得られる知見はカリキュラムや教育環境に関するものも含まれるようになり，教学 IR（Institutional Research）の領域とも関わりをもつようになる。そうした知見に基づく，授業のレベルを超えた教育改善のためには，大学執行部との関わりも考慮した組織作りが重要になってくると思われる。

　授業改善のための情報フィードバックのもう一つの方向性は，個々の教員に向けたシステム的なフィードバックである。高等教育においては，授業は当該科目の専門家である教授者の手に基本的にゆだねられている。齊藤ら（2011）による調査では，授業評価に関しても，教員はその結果に盲目的に従っているのではなく，自らの教育観を基にした授業改善の中で，その進捗や学生の反応を知る手段として学生の意見を採り入れつつ改善を進めていることが明らかにされている。したがって，教授者自らが授業改善の方策を考え，実行に移すために役立つような情報を提供する仕組みを整備することは，教員自らの手によるボトムアップな授業改善に寄与すると考えられる。

　松河・齋藤（2011）は，こうした考えに基づき，授業評価アンケートの結果

をデータマイニングやテキストマイニングの手法を用いて分析して得られた情報を，教員にフィードバックするシステムを開発している。この研究では，データマイニング等，一般の教員になじみの薄い分析に基づいた情報の中には，意味が理解されにくいものもあることが示唆されているが，先に提案した組織的な FD の中で，こうしたシステムで提示される情報に関する理解を深めるための研修を行うことで，ボトムアップな授業改善の効果を一層高めていくことができると考えられる。

　ここで取り上げた，授業評価アンケート結果を活用して授業改善を効果的に行う，組織的な仕組みやプロセスの探求や，授業評価アンケートのフィードバックシステムの開発は，教育工学分野が，その特性を生かして貢献できる研究領域であると思われる。しかし，あまり活発に取り組まれているとは言い難いため，今後の発展が期待される。

参考文献

1st International Conference on Learning Analytics and Knowledge 2011 (2011) 1st International Conference on Learning Analytics and Knowledge 2011.
　https://tekri.athabascau.ca/analytics/ (accessed 2019.5.18)
網岡敬之・森裕生・江木啓訓・尾澤重知 (2018)「定量化した手書きワークシートを用いた学習評価の可能性の検討」『日本教育工学会論文誌』41(3)：245-253.
Blei, D. M., Ng, A. Y. and Jordan, M. I. (2003) "Latent Dirichlet allocation," *Journal of Machine Learning Research*, 3：993-1022.
樋口耕一 (2014)『社会調査のための計量テキスト分析――内容分析の継承と発展を目指して』ナカニシヤ出版.
星野敦子・牟田博光 (2006)「大学の授業における諸要因の相互作用と授業満足度の因果関係」『日本教育工学会論文誌』29(4)：463-473.
岩田具治 (2015)『トピックモデル』講談社.
絹川正吉・原一男 (1985)「大学教員教科の視点」『一般教育学会会誌』7(2)：61-66.
近藤伸彦・畠中利治 (2018)「ベイジアンネットワークによる修学状態推移モデルの構築」『日本教育工学会論文誌』41(3)：271-281.
宮城教育大学情報処理センター研究紀要『COMMUE』22：67-74.
松田岳士・渡辺雄貴 (2018)「教学 IR，ラーニング・アナリティクス，教育工学」『日本教育工学会論文誌』41(3)：199-208.
松河秀哉 (2013)「共通教育賞と授業評価アンケートの関係の分析を通した『優れた授業』を規定する要因の検討」『大阪大学高等教育研究』1：9-24.

松河秀哉・齊藤貴浩（2011）「データ・テキストマイニングを活用した授業評価アンケートフィードバックシステムの開発と評価」『日本教育工学会論文誌』35(3)：217-226.

松河秀哉・大山牧子・根岸千悠・新居佳子・岩﨑千晶・堀田博史（2017）「トピックモデルを用いた授業評価アンケートの自由記述の分析」『日本教育工学会論文誌』41(3)：233-244.

松河秀哉・大山牧子・根岸千悠・新居佳子・岩﨑千晶・堀田博史・串本剛・川面きよ・杉本和弘（2018）「トピックモデルによるテキスト分析を支援するソフトウエアの開発」『日本教育工学会論文誌』42(Suppl)：37-40.

MeCab: Yet Another Part-of-Speech and Morphological Analyzer. http://taku910.github.io/mecab/（参照日2019.5.18）

森本康彦・稲垣忠（2018）「初等中等教育におけるラーニング・アナリティクスの展望」『日本教育工学会論文誌』41(3)：209-220.

緒方広明（2018）「大学教育におけるラーニング・アナリティクスの導入と研究」『日本教育工学会論文誌』41(3)：221-231.

坂本昂・牟田博光（1975）「大学における講義改善のための評価と処方システムに関する一研究」『東京工業大学人文論叢』1：31-45.

齊藤貴浩・早田幸政・中村征樹・望月太郎・松河秀哉（2011）「『授業改善のためのアンケート』の教員による活用に関する調査研究」『大阪大学大学教育実践センター紀要』7：29-47.

佐藤一誠（2015）『トピックモデルによる統計的潜在意味解析』コロナ社.

鈴木聡・廣川佐千男（2018）「ペアプログラミングと反転授業を導入したコンピュータシミュレーション実習における履修者の学習活動の分析」『日本教育工学会論文誌』41(3)：255-269.

武田俊之（2012）「高等教育アナリティクスのための階層モデル」『研究報告教育学習支援情報システム（CLE）』1：1-6.

田中あゆみ・藤田哲也（2004）「大学生の達成目標と授業評価，学業遂行の関連」『日本教育工学会論文誌』27(4)：397-403.

谷口るり子（2013）「授業評価アンケートを用いた授業の総合評価に影響を与える要因の分析」『日本教育工学会論文誌』37(2)：145-152.

山川修・安武公一・多川孝央・隅谷孝洋・井上仁（2012）「CLEを利用した学習の可視化と分析に関する提案」『研究報告教育学習支援情報システム（CLE）』11：1-4.

山田政寛（2018）「ラーニング・アナリティクス研究の現状と今後の方向性」『日本教育工学会論文誌』41(3)：189-197.

第 9 章

大学教員の成長に関わる支援

今野文子

9.1 プレ FD とは

9.1.1 プレ FD の目的と動向

　プレ FD とは，大学教員を目指す大学院生らを対象とした大学教員養成機能のことを指す。大学教員の職能開発を意味する FD（Faculty Development）に対し，大学院生やポスドクといった大学教員予備軍を対象に行うもので，FD の前段階に位置づけられることから，プレ FD と呼ばれる（田口ほか 2013）。

　2008年の中央教育審議会答申『学士課程教育の構築に向けて』において「生涯を通じた職能開発を考える上では，大学教員となって以降の FD の問題だけを対象とすることは適当でない。大学教員となる前の段階，大学院における大学教員の養成機能（いわばプレ FD）の在り方を見直すことが必要である。各大学院において意図的・組織的にプレ FD がなされなければ，ユニバーサル段階の大学教員となるべき備えはできない」としたうえで，具体的な改革の方策として「教育研究上の目的に応じて大学院における大学教員養成機能（プレ FD）の強化を図る」ことが示され（文部科学省 2008），これまでに研究大学を中心とした実践が報告されている。

　本章では，日本国内における主なプレ FD の事例を概観し，具体的取り組みとして東北大学の事例を挙げ，課題と展望を明らかにする。

9.1.2 プレ FD のルーツと性格

　日本における先駆的なプレ FD としては，広島大学が1999年に開始した「アカデミック・キャリアゼミ」が挙げられる。「大学院では研究に専念するよ

うに訓練しておき，教員になったとたんに『研究ばかりではだめだ。教授能力を』と求めるのは本末転倒である」との考えから，大学院生を対象に大学教員としての基礎知識を扱い，① 高等教育研究が専門のセンター教員と他研究科の教員の講義を組み合わせる，② 授業参観を行う，③ 実践的知識と大学論を組み合わせる，④ 参加者の討議を重視することに留意し，社会科学研究科において 2 単位の講義として開講された。しかしながら，参加者数の減少等の理由で，4 年間にわたる実践の後，その幕を閉じた（羽田 2008）。

　プレ FD には，上記の広島大学の実践のような ① FD の一部としての取り組みと，それとは別の ② TA（Teaching Assistant）制度の実質化としての取り組みという 2 つのルーツが指摘できる（田口ほか 2013；東北大学 IEHE 2015）。①としては，京都大学，名古屋大学が早くから取り組みを開始しており，②としては，TA よりも重い任務を担う TF（Teaching Fellow）制度を展開する一橋大学，筑波大学，北海道大学の取り組みが挙げられる。

　また，プレ FD には ① 大学院生のキャリア支援と ② 大学院教育改革の 2 つの側面があることが指摘されている。よりキャリア支援的性格が強いのは，オーバードクターのキャリア支援を目的とした京都大学の取り組み（田口ほか 2013）をはじめとして，名古屋大学，一橋大学，筑波大学などがある。一方，より大学院教育改革としての志向が強いのは，教職担当教員養成を明確に掲げている広島大学の取り組み（教職課程担当教員養成プログラム）がある（東北大学 IEHE 2015）。

9.1.3　プレ FD の形態

　国内における主なプレ FD の事例（2015年時点において継続的に実施されており，その内容等を公表しているもの）を表 9-1 に示す（今野 2016）。これらの取り組みは，その実施主体，位置づけに基づき，大学院において授業として単位認定をともなうかたちで開講されているもの：大学院授業開講型（授業），それとは別に授業外の個別のプログラムとして実施されているもの：課外プログラム型（課外プロ），TF 制度の展開とともに必要な訓練の機会を提供するもの：TF 制度型（TF 制度）の 3 つのタイプに整理できる（今野 2016）。

表9-1　日本国内の主なプレ FD の取り組み

大学名	名　称	開始年	実施主体	形　態	対　象	期　間	実　績
北海道大学	大学院生のための大学教員養成講座（英語版 PFF）	2010	高等教育推進機構	授業	学内正規大学院生のうち修士2年目，博士課程後期の学生	集中講義（5日間）	平均年間修了者数30名
	高等理学教授法（教育力養成講座）（日本語版 PFF）	2010	理学院	授業	学内正規大学院生（全大学院生受講可）	半期（15回）	平均年間修了者数10名
	TF 制度	2015	高等教育推進機構	TF 制度	正規大学院生のうち修士2年目，博士課程後期の学生		2015年度TF研修会に143名が出席
東北大学	東北大学大学教員準備プログラム（TohokuU.PFFP）	2010	高度教養教育・学生支援機構	課外プロ	博士課程後期の大学院生，ポスドク	8カ月	2014年度までに52名が修了
筑波大学	TF 制度	2008	各研究科	TF 制度	TA 経験者の博士課程後期の学生		
	職業としての大学教育	2008	人文社会科学研究科	授業	大学院生	集中講義（3日間）	
	PFP プログラム	2013	PFP 実施委員会	授業	人文社会科学研究科所属の博士課程，修士課程在籍者	数年	
一橋大学	ティーチングフェロープログラム	2006	社会学研究科＋キャリア支援室（大学院生担当）	TF 制度	社会学研究科博士後期課程の大学院生（原則的に TA 経験者）	最短で一年間	2015年度までに60名が修了
東京大学	東京大学フューチャーファカルティプログラム（FFP）	2013	大学総合教育研究センター	授業	学内正規大学院生	半期（前／後期それぞれ開講）	平均年間修了者数96.5名
名古屋大学	大学教員準備プログラム	2005	高等教育研究センター	授業	大学院生，ポスドク，科目等履修生	集中講義（3日間）	平均年間修了者12名

京都大学	大学院生のための教育実践講座―大学でどう教えるか―	2005	主催：FD研究検討委員会，共催：高等教育研究開発推進センター	課外プロ	大学院生，オーバードクター，ポスドク，研究員	1日間	例年30〜50名程度が参加
	文学研究科プレFDプロジェクト	2009	FD研究検討委員会，文学研究科と高等教育研究開発推進センターが連携	課外プロ	文学研究科のオーバードクター	半期	2012年度までに119名が修了
	大学で教えるということ	2012	高等教育研究開発推進センター	授業	大学院生	集中講義（3日間）	例年10名程度が受講
	大学コンソーシアム京都との連携による文学部単位互換リレー講義	2015	提供：文学研究科，後援：高等教育研究開発推進センター，大学コンソーシアム京都	課外プロ	文学研究科プレFDプロジェクト修了生	半期	
立命館大学	Preparing-FutureFa-culty（大学教員準備セミナー）	2011	大学院キャリアパス推進室	課外プロ	大学院生，ポストドクター	オンデマンド講義＋WS（2日間）	2015年度までに57名が修了
大阪大学	大阪大学未来の大学教員養成プログラム	2014	教育学習支援センター	授業	大学院生	それぞれの授業は半期	2014年は計34名が受講
大阪市立大学	大学教育授業実習制度	2011	文学研究科の依頼で大学教育研究センター	課外プロ	ポストドクター	半期	2013年度までに8名が修了
広島大学	教職課程担当教員養成プログラム	2007	教育学研究科	授業	教育学研究科の博士課程後期の大学院生	3年間	2014年度までに13名が修了

出典：今野（2016）をもとに加筆，再構成.

当初は課外プログラム型で開始された取り組みであっても，後に大学院の授業として単位認定をともなうようになった事例もある。この流れには，大学院共通科目の普及や，専門領域以外の科目履修による汎用的能力の獲得を重視する動きの影響もあるといえる。

9.2　プレ FD プログラムの開発事例——東北大学におけるプレ FD

プレ FD の具体的事例として，東北大学の取り組みを紹介する。

9.2.1　開発の経緯と運営体制

　東北大学のプレ FD「東北大学 大学教員準備プログラム（Tohoku U. PFFP：Tohoku University, Preparing Future Faculty Program）」は，文部科学省による教育関係共同利用拠点の事業のひとつとして開発，運営されている。東北大学高度教養教育・学生支援機構（旧 高等教育開発推進センター）（以下，機構）は，2010年に「国際連携を活用した大学教育力開発の支援拠点」として認定を受け，現職の大学教員を対象とした調査研究（羽田ほか 2009；東北大学 CAHE 2010など）の成果をもとに，教員のライフステージに対応した職能開発の視点や，生涯にわたる組織的な専門性開発の取り組みを重視し，各種職能開発プログラムを開発・提供してきた（東北大学 CAHE 2012, 2013, 2014）。Tohoku U. PFFP は，それら専門性開発プログラムのひとつである。

　本プログラムの開発・実施にあたっては，まず先進的な北米，豪州の事例に学びつつ形成的評価を行いながら，日本型のプログラムの在り方が検討されてきた。プログラムの開発・改善の変遷の様子を図9-1に示す（東北大学 IEHE 2017）。初年度は米国カリフォルニア大学バークレー校と豪州メルボルン大学のプログラムへの参加者派遣から着手し，そこでの成果を踏まえ，徐々に国内で実施するセミナー，活動などのコンテンツを拡充するとともに，修了生からの評価を踏まえ，実施期間やセミナートピックなどの改善を継続的に実施してきた。その過程で，大学院生だけではなく新任教員からも受講したいとの声が寄せられたことから「新任教員向けプログラム（Tohoku U. NFP：Tohoku Uni-

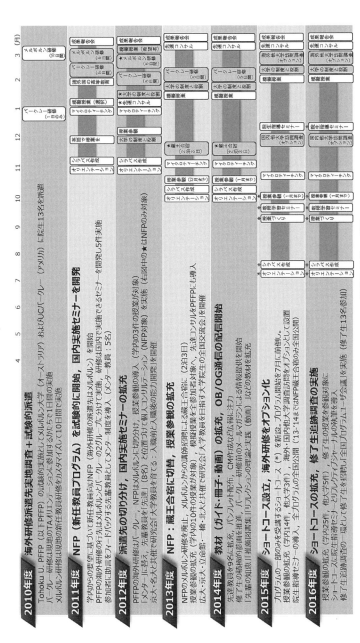

図 9 − 1　Tohoku U. PFFP の開発と改善の変遷

出典：東北大学 IEHE（2017）を加筆修正.

versity New Faculty Program）」の合同実施の開始や，参加者募集を全国に拡大して実施するなどの広がりがみられた。

　2014年度には「国際連携を活用した大学教育力開発の支援拠点」と題した第1期拠点の認定期間を終え，2015年からは「知識基盤社会を担う専門教育指導力育成拠点－大学教員のキャリア成長を支える日本版 SoTL の開発」と題した第2期拠点事業が開始されたことにともない（東北大学 CPD 2019），プログラムの内容も海外研修の比重を徐々に軽減し，国内実施化の動きが加速されることとなった。

　これらプログラムの開発・実施は，拠点事業の実施のために機構内に設立された大学教育支援センターが主体となり，所属教員と職員が協働で携わっている。また各セミナーにおいては，機構に所属する教員をはじめ学内外の高等教育研究者を講師として招くとともに，学内のベテラン教員，プログラム修了生の協力を得ている。

9.2.2　Tohoku U. PFFP の概要

　Tohoku U. PFFP は，現在の大学院教育が研究能力の訓練を重視し，教育能力やその他大学教員に必要とされる能力を育成する機会を必ずしも有していない現状に対し，これから教員を目指そうとする大学院生やポスドクらが，大学教員という仕事を理解し，研究能力とともに基礎的な教育能力を備えた大学教員としてスムーズにキャリアをスタートするための下地作りの場を提供することを目的としている。Tohoku U. PFFP の目標は以下の通りである。

- 生涯にわたり専門性を高めるために，効果的な省察ができるようになる
- 大学教員の役割，仕事を理解し，展望を持ってキャリアを設計できる
- 教育活動に関する基礎的知識を身につけ，自分なりの言葉で教育観を語れるようになる
- 異分野の研究や教育文化を知る

　本プログラムでは，継続的な専門性開発につなげていけるよう，初期キャリアにいる段階で図9-2に示す機会を提供することを重視している。大学教員の役割や仕事，実態を対象とした「仕事を理解する」，授業運営やカリキュラ

図 9-2　Tohoku U. PFFP のコンセプト

ム，シラバスなどの「基礎知識を得る」，マイクロティーチングなどで「実践力を磨く」，他大学の事例や実授業の参観，異分野の参加者との対話を通して「比較の目を育てる」，他の参加者とのディスカッションやグループワークによって「同僚とつながる」，先輩教員との懇談やコンサルテーション，授業参観とそれに引き続く討議による「先達から学ぶ」，そして，プログラム期間中を通してリフレクションを行い，ジャーナル執筆によってそれを外化することで「自己省察力を養う」といった内容で構成されている。具体的な活動内容を表 9-2 に示す。なお，最新のプログラム内容については東北大学大学教育支援センターのウェブサイトを参照されたい。

9.2.3　Tohoku U. PFFP の特色

　Tohoku U. PFFP の特色は，① 先達教員制度，② 実授業の参観と教員とのディスカッション，③ リフレクティブ・ジャーナルにある。
　まず先達教員とは，経験豊かな先輩教員のことを指し，プログラム参加者に助言やアドバイスを提供する役目を担う。先達教員は，授業公開への協力，模

表 9 - 2　Tohoku U. PFFP の内容（2016年度当時）

活動名	内　　　容	時間／頻度
オリエンテーション	参加者顔合わせ，プログラムの目的，大学教育の課題と教員の役割に関する講義，比較教育学の視点を組み入れたワークショップ，本プログラムにおけるリフレクションの取り組みに関する説明など	1 日
授業デザインとシラバス作成	大学の授業における目標・活動・評価について，事前に参加者が作成したシラバスを改善することを通して考える	4 時間
教授＝学習に関するセミナー	認知科学の側面から人間の情報処理や理解に関する理論やモデルを学び，授業や学習のデザインに活かせる知見を得る	3 時間×2 回
授業参観	授業経験豊かな教員の授業を参観し，授業後のディスカッションを通して教育活動について考えるヒントを得る	1 人当たり最低 3 つの授業
マイクロティーチング	一人 7 分間のティーチングの実践とファシリテーター，他の参加者からのフィードバック，および授業リフレクションを行う	半日
模擬授業	一人 17 分間の模擬授業の実践と先達教員からのフィードバック，および授業リフレクションを行う	半日
諸外国の高等教育を知る	アメリカの高等教育について学び海外集中コースに向けて準備をする。参加者同士のディスカッションを通して，日本の高等教育との比較を行う	半日
国内他大学訪問調査	国内の他大学（主に私立大学）にてキャンパス見学や授業参観を行い，学生の学びを促進するために大学がどのような教育環境を整えているのかについてフィールドワークに取り組む	3 日間
海外他大学訪問調査	海外の大学（バークレー）にてキャンパス見学や授業参観を行い，学生の学びを促進するために大学がどのような教育環境を整えているのかについてフィールドワークに取り組む	5 日間
先達教員による個人コンサルテーション	先達教員（経験豊富な先輩教員）による個人コンサルテーションとグループディスカッションを行う	半日
リフレクティブ・ジャーナルの作成	各セミナー後に自身の学びをふり返り，これまでの自身の経験や価値観と結び付けながら教育観を言語化する	各セミナー後，毎回
課題論文	「学生にとって大学でのよい学習経験とはどのようなものだと考えますか。また，そういった学習経験を実現するために大学や大学教員は何をするべきだと考えますか」というテーマで執筆する	最後に提出
成果報告会	プログラムで学んだことを発表し OB/OG や先達らとの質疑応答を行い総括する	3 時間

擬授業におけるフィードバックの提供，先達コンサルテーション等を通して参加者と交流し，自身の実体験を語ることで，参加者が多様な視点で教育を言語化できるよう支援を行う。先達教員は，機構に所属する教員から募るとともに，学内の教育賞の受賞者に依頼している。また，プログラム修了生から適任者の推薦を募り，専門分野や男女のバランスを考慮し，10名程度を任命している。参加者は，この先達教員制度を通して，大学を構成する多様な専門分野の教員の知恵や工夫，経験について話し合い，大学という組織や教員としての在り方に対する理解を深めることが期待されている。

　またTohoku U. PFFPでは，先達教員や学内外の教育賞受賞教員等による実授業を参観し，授業運営上の課題や工夫している点などについて直接教員に質問できる機会が設けられている。実授業における今日の学生の様子や反応をはじめとし，現職教員がどのように授業運営に取り組んでいるのかについて自分の目で見て感じられる機会が得られるため，教授法の観察だけではなく，学生理解や他の教員の教育観や信念などに触れる機会が得られる。

　さらにプログラムを通して，大学教員という仕事や自身の考え方がどのように発展していったのかを記録し，自分なりの教育観を言語化するために，各活動後にリフレクティブ・ジャーナルを執筆することを課している。これらの取り組みにより，プログラム修了後にも学び続けることのできる教員としての下地づくりが意図されている。

9.2.4　Tohoku U. PFFP の評価

　2010～2018年度までのプログラム修了生は，9年間で65名であった。修了生によるプログラム評価は，4件法で平均が3.8を上回っている（東北大学CAHE 2012, 2013, 2014；東北大学IEHE 2015, 2016, 2017）。また自由記述の内容（表9-3）からも，各種活動を通して参加者が大学教員という仕事に対する理解を深め，自身の教育観を明らかにしていく過程を経験できていることがうかがわれる。

　加えて，先達教員からは「勢いのある人たちの話を聞いて，こちらが元気づけられるようだった」，「参加者の皆さんと考えを交換する中で私自身も考えを

表 9-3　プログラム参加者から寄せられた声

- 長い間，私にとって，大学教員という職業は研究の継続に付随するものであった。しかしながら各種セミナーを通して大学教員という仕事について知識や理解を深め，これまでの自分の経験を振り返ったり，授業を構想することにやりがいを見出したりする中で，研究者としてだけではなく，教育者としての大学教員像を現実味のある形で思い描くようになってきていた。
- 「比較の目」はリフレクションやフィードバックを含む多くの思考に関わるもので，単純に自分とは異なるものを見るときだけでなく，異なる考え方を見たときにその背景にある文脈についてよく考えるようになったので非常に有用だった。
- 経験豊富な先達教員の方々から生の声を聞けたことは非常に良かった。先生全員が，学生別により良い教育をどのように提供するかということを常に考えていることがわかり，学生個人のパーソナリティを踏まえて，学問の楽しさをより楽しく面白く学生に伝えることに尽力し試行錯誤することが，大学教員の本質的な役割なのではないかと感じた。

出典：東北大学 IEHE 2015 をもとに作成.

改める部分や新たに発見する部分もあり，参加してよかった」，「授業見学は自分の授業にフィードバックがもらえる貴重な機会なので続けてほしい」との声が寄せられている。先達教員らが参加者を支援するという効果だけでなく，先達教員自身も自分の教育観を見直し，それを言語化する機会が得られること，自分の教育や研究への動機づけになるような活力が得られるなど，先達教員側に対する効果も感じてもらえていることがわかる。

　学内外からは，修了生が作成したシラバスに感銘を受けたという報告や，修了生自身が就職後にカリキュラムマネジメントや教育改善について積極的に意見を出したり，これらを担う役職に就いたという報告が複数ある。修了生がそれぞれの所属先において，プログラムでの学びの成果を発揮して仕事に取り組むことで，その周りの大学院生や教員らにも波及効果があるものと期待される。さらに，自主的な同窓生活動や，修了後にも各種専門性開発プログラムに積極的に参加しブラッシュアップを図る様子や，プログラム内及び OB/OG イベントで知り合った修了生同士で分野をこえた研究プロジェクトに取り組む様子も見うけられ，拠点の目標であるライフステージに対応した継続的かつ組織的

な専門性開発の実現につながっていると評価できる。

9.3　プレ FD の課題と展望

　プレ FD の取り組みの形態や内容は各大学により多様であるが，共同で研究会を開催し，その課題や知見の共有をはかろうとする動きはある。たとえば，大学教育学会第37回（2015年）大会では「プレ FD の現状からみえる課題と目指すべき方向性」と題したラウンドテーブルが開催され，北海道大学，東北大学，東京大学，名古屋大学，大阪大学のプレ FD 主催者らが議論を行い，対象の拡大，認知度の向上，教員の協力，カリキュラム，人的資源，TA 制度との連携，プレ FD 推進のための研究を課題として挙げている（栗田ほか2015）。

　また，東北大学は2011年から 3 年間にわたり，プレ FD に関する研究会を開催している。2013年には「大学教員を目指す大学院生の全国交流会」と題し，プレ FD の主催者に加えて経験者（プログラム修了生）らも集い，取り組みに対する評価や提案を行った。特に活発に議論されていたのは，「模擬授業など実践の機会は有用」，「他の参加者との交流をプログラム修了後も維持できる仕組みが欲しい」，「プレ FD の認知度が低い，もっと多くの参加者を募ってほしい」，「修了証が役立つように周知や権威づけの方策を考えてほしい」という点であった。このようなプレ FD 経験者の意見や提案と，主催者側の運営意図や課題意識を突き合わせながら議論が行われたことで，各大学の抱える課題の共通性や特殊性が際立ち，他大学の取り組みから学ぶ機会の重要性が改めて確認された（東北大学 CAHE 2014）。

　加えて，プログラムの開始から一定期間が経過し，修了生が就職し大学教育の現場で活躍し始めていることから，長期的視点での有効性評価にも着手する動きも見られ始めた。東北大学では，2016年に「全国プログラムユーザ会議」と題して修了生13名（2011～2014年度の参加）によるプログラム評価とディスカッションが行われた（東北大学 CPD 2017）。その結果から，修了生は教授学習に関わる個別具体的な知識・スキルだけでなく，大学教育全体を俯瞰できる

メタ認知の醸成や，教員間のネットワーク形成に対して，プログラムでの経験
が活かされていると感じていることが明らかになった（東北大学 IEHE 2017）。
また修了生からは，プログラムにおける経験で培った自らの教育観や問題意識
が，プレ FD 等を受けていない世代の大学教員らのものと乖離していること
に困難さを感じていることが報告された。

　比較的新しい取り組みであるプレ FD は，その体系化が未だ十分とはいえ
ない。大学教員の職務は，教育，研究，社会貢献，管理・運営と多岐にわたっ
ており，プレ FD において何をどこまで扱うかを議論することが必要である
（田口ほか 2010；田口ほか 2014；田中ほか 2014）。また，各プログラムを修了した
ことのインセンティブや修了証の効力をあげるためには，上記の議論を踏まえ
つつ，専門性基準枠組みの共有や認証などの仕組みの必要性（沖 2015）を検討
することも考えられる。加えて，プレ FD 修了直後の参加者による評価だけ
ではなく，入職後の教員生活を経ての評価など，短期的・長期的視野による効
果測定を行っていくことも必要であるといえる（東北大学 IEHE 2015）。

　今後，各大学間での知見の共有を進めつつ，プレ FD の受講により入職以
降のスムーズな初期キャリアの形成に邁進できる新任教員たちが，よりよい大
学教育に資することのできる将来を期待したい。

参考文献

羽田貴史（2008）「広島大学におけるアカデミック・キャリアゼミの試み」『大学院博士課程
　における大学教員の養成機能形成に関する日米仏比較研究（研究代表者 夏目達也）』：
　19-24.
羽田貴史・北原良夫・猪股歳之・石井美和（2009）「研究大学における大学院教員の能力開
　発の課題——2008年東北大学教員調査の結果」『東北大学高等教育開発センター紀要』
　4：25-38.
今野文子（2016）「大学院生等を対象とした大学教員養成プログラム（プレ FD）の動向と
　東北大学における取組み」『東北大学高度教養教育・学生支援機構 紀要』2：61-74.
栗田佳代子ほか（2015）「各大学で実施されているプレ FD プログラム」大学教育学会第37
　回（2015年）大会，ラウンドテーブル 12「プレ FD の現状からみえる課題と目指すべ
　き方向性」当日配布資料.
文部科学省（2008）「学士課程教育の構築に向けて（答申）」
　http://www.mext.go.jp/b_menu/shingi/chukyo/chukyo0/toushin/1217067.htm（2019

年 2 月 28 日確認）

沖裕貴（2015）「実践的 FD プログラムの開発・活用の経緯と今後の課題」『立命館高等教育研究』15：1-16.

田口真奈・出口康夫・赤嶺宏介・半澤礼之・松下佳代（2010）「未来のファカルティをどう育てるか――京都大学文学研究科プレ FD プロジェクトの試みを通じて」『京都大学高等教育研究』16：91-111.

田口真奈・出口康夫・東京大学高等教育研究開発推進センター編著（2013）『未来の大学教員を育てる 京大文学部・プレ FD の挑戦』勁草書房.

田口真奈・田中一孝・畑野快（2014）「段階別にみたプレ FD の特徴とその目的」『高等教育学会第17回大会発表論文集』：148-149.

田中一孝・畑野快・田口真奈（2014）「プレ FD を通じた大学教員になるための意識の変化と能力の獲得――京都大学文学研究科プレ FD プロジェクトを対象に」『京都大学高等教育研究』20：81-88.

東北大学 CAHE：高等教育開発推進センター（2010）『研究大学における大学院教員の能力開発の課題』CAHE TOHOKU Report 32.

東北大学 CAHE：高等教育開発推進センター（2012）『2011年度東北大学大学教員準備プログラム報告書』

東北大学 CAHE：高等教育開発推進センター（2013）『2012年度東北大学大学教員準備プログラム／新任教員プログラム報告書』

東北大学 CAHE：高等教育開発推進センター（2014）『2013年度東北大学大学教員準備プログラム／新任教員プログラム報告書』

東北大学 CPD：大学教育支援センター（2017）「『PFFP/NFP 全国プログラムユーザ会議』の実施報告」
http://www.ihe.tohoku.ac.jp/CPD/about/jpum-report/（2019年 2 月 28 日確認）

東北大学 CPD：大学教育支援センター（2019）「東北大学大学教育支援センターウェブサイト」
http://www.ihe.tohoku.ac.jp/CPD/（2019年 2 月 28 日確認）

東北大学 IEHE：高度教養養育・学生支援機構（2015）『2014年度東北大学大学教員準備プログラム／新任教員プログラム報告書』

東北大学 IEHE：高度教養養育・学生支援機構（2016）『2015年度東北大学ジュニアファカルティ・プログラム報告書』

東北大学 IEHE：高度教養養育・学生支援機構（2017）『2016年度東北大学ジュニアファカルティ・プログラム報告書』

第10章

初任教員研修

杉原真晃

10.1　問題の所在

　ファカルティ・ディベロップメント（以下，FD）の中でも，初任教員研修
は，当該教員の大学でのキャリア形成の基盤となるうえで，そして当該大学教
育の質を保証・向上させるうえで重要な位置を占める。初任教員研修には，教
育・研究・マネジメント等が総合的に扱われることが求められるが，本稿では，
特に教育に焦点を当て，これまでの実践および研究の知見を確認し，今後の初
任教員研修の実践・研究の参考となるよう検討を加えたい。なお，初任教員研
修に参加する教員は，着任初年度から着任後数年と，機関によって様々である。
本章ではこのような実態に則り，初任教員研修に参加する教員を「初任教員」
と呼ぶこととする。また，初任教員に対して「新任」「初任」等，多様な表現
があるが，本章では先行文献で使用されている用語を引用して用いる際にはそ
のまま活用するとともに，それ以外では「初任」と表現する。また，本章で取
りあげる各取り組みは，文献で内容・成果等を確認できるものである。現在
（令和2年），運用面等，多少異なるものもあるが，有用な知見が得られるため，
以下で取り扱う。

10.2　日本における初任教員研修の実際

　まず，日本における初任教員研修の実際について確認する。本章で取り扱う
のは，新潟大学による「新任教員研修」，全国私立大学 FD 連携フォーラムに
よる「新任教員対象実践的 FD プログラム」である。これらの取り組みを挙

げる理由は，次の２点である。①初任教員研修において育成したい資質・能力等とプログラム内容を対応させている。②「単独の大学での事例」「複数の大学で連携した共通の研修プログラムの事例」と，それぞれ特徴をもつ。

　新潟大学では，FD の取り組みの目安として「基本的教育力の基準枠組」（以下，基準枠組）が作成された（加藤 2010a）。この基準枠組は，大学教育開発研究センター（現教育プログラム支援センター）がコーディネート役となり，各学部・研究科からの良い教育実践の基準や教育活動の領域や質に関わる情報が収集・分析され，帰納的に開発されたものである。

　基準枠組の内容は，「Ⅰ．大学，学部等の教育理念，目標，および社会のニーズ等に照らした教育プロセスの設計を行う」「Ⅱ．学生の学習を促進する授業の実践および運営（指導・支援・フィードバック・成績評価・学習環境づくり）を行う」「Ⅲ．学生の学習や教職員間の学習を尊重したコミュニケーションを行う」「Ⅳ．大学教育の専門職業人（プロフェッショナル）として教育改善・自己開発を行う」という４つの活動領域について，「科目レベル」と「課程プログラムレベル」の２つのレベルごとに示されている。この基準枠組みは，全学的な取り組みとして提供される新任教員研修の体系的な設計を行う際の指標として用いられている。

　新任教員研修は，オリエンテーションが１日（約６時間），学習教育ワークショップが２日間（約６時間ずつ），そして，ワークショップ修了後に同僚による授業観察と省察とティーチング・ポートフォリオ作成（任意）という構成となっている（加藤 2010b）。オリエンテーションでは，大学の教育理念や教育システム，組織・運営体制，教職員としての倫理，健康管理の重要性等についての理解が深まるよう講話が行われる。学習教育ワークショップでは，教授学習のあり方および役割，目標達成型学習のための教育計画についての理解を深める。そして，実践力が向上するよう「ワークショップ１」「ワークショップ２」が行われる。ワークショップ１・２は，それぞれ２日間ずつ設定され，都合の良い日に参加できるようになっている。ワークショップ１は，主に，「学習と教育（教授）」の意味と違いや，目標達成型学習の意味，大学の教育理念・教育体制とのつながり等について考察する機会，学習中心の教育における

教員の役割・課題について考察する機会，シラバスとは何かについて考察する機会，シラバスを作成する機会，全体討議等から構成されている。ワークショップ 2 は，主に，授業のビデオ撮影と授業参観とピアレビューの実施，学生の理解を深める授業・学生に考えさせる授業についての討議・授業プランづくり，プランの発表と全体ふりかえり等から構成されている。

　一方，立命館大学が中心となって設立された全国私立大学 FD 連携フォーラムでは，オンデマンド講義，ワークショップ，教育コンサルテーションから構成される「実践的 FD プログラム」が開発されている（沖ほか 2009）。実践的 FD プログラムでは，オランダ質保証協会（NVAO）が推進するオランダ高等教育における質保証のための方策である基礎教授資格（BTQ）を参考にして，大学教員の教授・学習支援能力およびその評価手法が設定されている（井上ほか 2010）。その構成要素は，上位目標として，「1. 学習活動の設計」「2. 教授および学習活動の展開」「3. 授業の質の保証」「4. 効果的な学習環境および学習支援環境の開発」「5. 自己の専門性の継続的な発展」「6. 大学に特有の必要とされる力」の 6 項目が設定されている。そして，それぞれに対応した教授・学習支援能力が下位目標として設定されている。たとえば，「4. 効果的な学習環境および学習支援環境の開発」の下位目標には，「学習コミュニティの形成を促進する」「様々なメディアやツールを活用し，効果的な学習環境の整備や学習支援ができる」「学習支援のためのツールや環境の開発ができる」が設定されている。

　この実践的 FD プログラムの中から，新任教員に求められる教授・学習支援能力に着目し，2 年間のプログラムに精選したものが「新任教員対象実践的 FD プログラム」である。新任教員対象実践的 FD プログラムは，① 教育関連学の系統的な理論に関するオンデマンド講義，② 授業技術やコミュニケーション技術に関するワークショップ，③ 受講者個々のニーズに対応するための先輩教員による日常的な教育コンサルテーションを 3 本柱としている。さらに，受講者自身の教育活動を可視化し，自己省察と研修成果を自己評価するためにティーチング・ポートフォリオの作成を最終課題においている（林ほか 2014）。オンデマンド講義の内容には，たとえば，「現代の高等教育」「青年期

の心理」等がある。ワークショップの内容には，たとえば，「アクティブ・ラーニングの方法と実践〜ICT の活用を中心に」「アサーション・トレーニング」等がある（沖ほか 2009）。プログラムの修了要件は，「受講期間は原則 2 年間，最長 4 年間」「15本のオンデマンド講義のうち，60％以上の視聴とその課題レポートの提出」「10本のワークショップのうち，60％以上の受講参加」「ティーチング・ポートフォリオの作成」となっている（林ほか 2014）。

　以上の 2 つの取り組みからは，初任教員研修の質を保証・向上させるために育成したい資質能力等の基準が設定され，それに対応した非日常型研修と日常型研修とを組み合わせたプログラムが展開されていることがわかる。また，新任教員対象実践的 FD プログラムについては，受講者のうち未修了な教員に対するアンケート調査から，受講困難理由として，「研修日程が合わない」「時間がない」という回答が多く見られている（林ほか 2014）。初任教員研修を実施するうえで，実践を重ねながら，時間や時期，期間，そして設定する資質能力やプログラム等，各機関の実情・教員の実情に応じた再設計が求められるといえよう。

10.3　授業公開と検討会

　授業公開と検討会は，授業研究として初等・中等教育において伝統的に行われてきた。吉崎（2012）は，初等・中等教育における授業研究の目的について，① 授業改善，② カリキュラム開発，③ 教師の授業力量形成，④ 授業についての学問的研究の進展という 4 点を挙げている。高等教育における授業研究も同様の目的・意義があると考えられるが，初任教員研修という観点から見れば，① 授業改善，② カリキュラム開発，③ 教師の授業力量形成に重点が置かれることになると考えられる。ここでは，初任教員研修としての授業研究の実態を確認し，その成果と課題について検討する。

　大学授業の公開・参観および検討会の代表的な取組には，京都大学高等教育教授システム開発センター（現高等教育研究開発推進センター）による「公開実験授業」（京都大学高等教育教授システム開発センター 2001）や「授業の参加観

察」(藤岡 2001) が挙げられる。「カード構造化法」(井上・藤岡 1995) を活用した藤岡のアプローチは，その後，大学授業研究にも活かされている（たとえば，大山・田口 2013）。また，大学の公開授業を「啓発型」「モデル伝達型」「ファカルティ連携型」「反省（リフレクション）型」「ネットワーク志向型」に類型化した研究（田口ほか 2004）もあり，授業公開と検討会と一口に言っても，その目的や形態には様々なものがあることがわかる。

　そのようななか，徳島大学での取り組み（授業コンサルテーション）は，有益な知見を提供してくれている。徳島大学での活動歴5年未満の教員を対象にした，宿泊を伴う合宿形式の「FD基礎プログラム」(神藤 2006) を終えた初任教員には，日常的に「授業コンサルテーション」が行われる（神藤 2007）。授業コンサルテーションの目的は，① 対象者による自己の授業の把握，② 授業の改善，③ 授業研究会参加者間での授業技術の共有化である。授業コンサルテーションでは，各教員の授業への参観・VTR撮影・学生へのアンケート（学んだこと・改善すべき点など）を行った後，授業記録作成・学生アンケート整理・VTRの編集とDVD化を行い，その後，他教員も交えた授業研究会が実施される。授業研究会では，授業者による授業のねらい等の説明の後，授業DVDの視聴，授業参観者報告・学生アンケートから読めること（FDスタッフからの説明），授業者解説（当日の様子，授業でうまくいっている点・困っている点等），自由討論と続く。授業コンサルテーションの事後アンケートからは，「授業研究会により，自分の授業について気づきがあった」「授業研究会での議論が役に立った」「授業記録（授業研究会で配布されたもの）が役に立った」「授業研究会の後，授業を改善した」「学生アンケートが役に立った」等に対して回答者（11名）すべてから肯定的な回答が得られている。

　FD基礎プログラムにおいては，FDの共同実践者としての仲間作りが目的の1つに挙げられている（神藤 2006）。ここからは，授業コンサルテーションにおける意見交換を通して大切にされていることとして，初任教員の授業改善・授業力量向上だけでなく，教育に関する学び合い・支え合いを行う学習共同体が形成されることが目指されているといえよう。そして，授業コンサルテーションにおいて授業者の授業のねらいやうまくいっている点・困っている

点等を重視した討論は、さらに省察的実践家（ショーン 2007）としての教員を育成しようとしていると読み取ることができよう。授業公開と検討会は、下手をすると授業者自身が抱える課題を無視した参観者による参観授業の批判に終わってしまう。そのよう場合、取り組みは持続しないであろう。授業者・参観者相互が授業改善・授業力量向上につながるという実感や、教育に関する仲間ができたという実感をもつことが、当事者の達成感・満足感や持続的な教育改善につながっていくものと考える。中村ら（2007）の研究では、初任教員の教育不安と職場におけるサポート、および職務内容満足感との関係を検討した結果、先輩教員のサポートが満足感を上げる要因になること、教育システムに関する不安が高い場合には同世代教員によるサポートが少ないと満足感が低くなることが指摘されている。このことからも、同世代・先輩を含めた教育にかかる学習共同体の意義がうかがわれよう。

　また、秋田大学における「授業参観と事後検討」では、多くの事後検討で見られる対話内容が、「授業内容」における「内容・教材」や「構成・分量」についてであり、「カリキュラム」に視点があまり向けられないという特徴があることが指摘されている（姫野・細川 2008）。そして、授業者と参観者が研究領域は異なるが同じ講座に所属している場合、あるいは授業者と参観者が同じ講座に所属する場合、事後検討では授業内容をお互いに理解した上で、その内容を効果的に学ばせる授業展開や授業方法について言及していることから、双方の授業改善につながる可能性が感じられると考察されている。一方で、授業者と参観者の専門領域や所属が全く異なる事例の検討においては、参観者は授業内での学生の活動状況（学生自らが工夫していた等）に関する言及を多く行っていることや、授業者が授業に対する考え方（学生同士のコミュニケーションをとってもらいたい等）を語っていることが明らかになっており、授業内容以外の点での意見交換も多く行われていることが指摘されている。

　秋田大学の取り組みは、初任教員に限定した研修ではないが有益な知見を提供してくれる。初任教員研修における授業公開と検討会においても、カリキュラムに関する議論が出にくいことが予想される。参観者が意図的に話題を提供することが必要な場合もあろう。そして、どのような内容について対話するこ

とを相互が望むのかといった目的によって，授業者と参観者との専門領域や担当科目等の関係性を変えていくことが大切であると考えられる。

10.4　初任教員研修の基準枠組

　英国では，大学教員として働くために高等教育資格証明取得課程（以下，PGCHE）を取得する必要がある（加藤 2011）。PGCHE は，国家レベルでの教育職能に関わる基準枠組 "The UK Professional Standards Framework for teaching and supporting learning in higher education"（以下，UKPSF）に基づいて，各機関が教育プログラムを作成し，高等教育アカデミー（HEA）により認証を受ける。このようなプログラム認証システムにより，高等教育資格証明取得課程の質を保証・向上させている。その課程履修者は，概ね，前半30クレジット（1クレジットは10時間の学習労力に相当），後半30クレジットを，およそ 2 ～ 3 年で修了する。課程プログラムは，機関ごとに多様であるが，概ね前半がオリエンテーションのイベント，いくつかのコアワークショップへの参加などで構成されている。コアワークショップのトピックも機関ごとに異なるが，共通するものとしては，「学生（学習者）がいかに学習するか」や学生が学習を深めるための理論やモデル，学習目標を明確にした教育デザイン，成績評価の方法と効果的なフィードバックの方法，多様性や平等性への配慮等がある。

　日本においても，初任教員研修プログラムの質の保証・向上のための基準枠組「大学における新任教員研修のための基準枠組」（以下，新任教員研修基準枠組）の開発が行われている（川島ほか 2010）。新任教員研修基準枠組は，大学教員として（特に教育に関して）各機関に着任した際に身につけてほしい資質能力をもとに，「学習領域」「学習目標の例」「学習方法，機会提供の例」という項目から構成されている。学習領域は，「1. 大学コミュニティについての理解」「2. 授業のデザイン（目標設定，実施計画，成績評価）」「3. 教育の実践」「4. 成績の評価，フィードバック」「5. 教育活動の自己改善・キャリア開発，教育開発」という項目からなり，それぞれに学習目標の例および FD

プログラム（学習方法・機会提供の例）が対応づけられている。たとえば，「4. 成績の評価，フィードバック」という学習領域には「教育の評価やフィードバックについての基礎知識を知る」「適切な成績評価およびフィードバックを行う」等の学習目標の例が挙げられ，「講義」「ワークショップ」「授業参観（公開授業と授業検討会）」等の学習方法・機会提供の例が挙げられている。

　新任教員研修基準枠組は，大学としての一貫性・公共性を保持しながらも，各機関によって自律性が尊重された FD プログラムが開発されることを支援するために開発された。したがって，新任教員研修の目安としての新任教員研修基準枠組をどのように用いるかという方針や，観点のどこに重点をおいて研修プログラムの目標を設定するか，具体的にどのような方法で研修を実施するかなどの計画は，各機関の目的や状況に合わせてその機関が決定するものと位置づけられている（杉原ほか 2009）。

　新任教員研修基準枠組は，全国のいくつかの新任教員研修に用いられている。たとえば大学コンソーシアム京都・FD 事業部（現教育開発事業部）では，加盟校が集って実施する「新任教員 FD 合同研修」において，新任教員研修基準枠組を参照し，研修で育成されるスキル・知識等とそれに対応したプログラムが開発された（川面 2011）。なお，新任教員 FD 合同研修は，2018年度より「FD 合同研修プログラム【基礎編】」と名称変更されている。

10.5　FD プログラム認証

　初任教員研修の質の保証・向上のために，英国での FD プログラム認証のような認証システムが，今後，日本においても求められよう。加藤ら（2015）は，FD にかかる国内の制度的な動向と課題を確認したうえで，FD プログラム認証を見据え，新任教員研修基準枠組と英国での UKPSF と比較し，次のような特徴・課題を指摘している。UKPSF は，① 正規のプロフェッショナル教育課程として活用されている，② プログラム自体が学習者中心の教育の見本となっている，③ 教育課程の修了が人事要件となっている，キャリア形成と関係している，④ 教育スタッフのプロフェッショナル化が目指されている

という特徴をもつ。一方，新任教員研修基準枠組は，① 自主参加としての
FD プログラムとして活用されている，② アドホックな内容がほとんどであ
る，③ キャリア形成との関連性が低い，④ 機会の形式としての実績が重視さ
れているという特徴をもつ（加藤 2014）。そして，UKPSF は，⑤ 新任，中堅，
管理職等，各キャリアステージが設定されている，⑥ 知識やスキルに加え，
価値（value）が重視されている，⑦ 観点が明記されているだけではなく，系
統性があるという特徴をもつ。一方で，新任教員研修基準枠組は，⑤ 新任教
員が対象である，⑥ 知識やスキルが重視されている，⑦ 観点が明記されてい
るだけであるという特徴をもつ（加藤ほか 2015）。

　加えて加藤ら（2017）は，新任教員研修基準枠組，UKPSF，そして HEA に
よる FD プログラム認証手続きを参考にして FD 認証プログラムを開発し，
全国の複数の FD 担当者に認証手続きを実践してもらい，その意義や課題に
ついて検討している。ここでは，認証手続きおよびそのメンタリングのプロセ
ス自体が各大学の置かれた背景や FD の目的・方法等の自覚化や実質化につ
ながる可能性が垣間見られた。そして，このような可能性を向上させるために，
認証手続きやメンタリングの在り方についてさらに検討する必要や，認証手続
きにおけるメンタリングを通して，認証の項目内容等を理解するためのサポー
トが必要であることが明らかとなった。また，新任教員研修のための基準枠組
や UKPSF の項目すべてを網羅する必要はなく，その大学のもつ課題・目的
に応じてカスタマイズ（参照）することを支援できるとよいことも確認された。
さらには，インセンティブ等，FD プログラム認証の導入に対する促進要因・
阻害要因の検討が必要であることも見出された。

　吉崎（2012）は，初等・中等教育研究での授業研究を主な対象とした教員研
修について，教育工学が貢献できることとして，たとえば「教育過程に関わる
多様な構成要素（目標，内容，教材，メディア，教師，子どもなど）が一つの
システムを構成しているとみなして，それらの構成要素間のよりよい組み合わ
せを追究するシステムズ・アプローチを採っている」「教育者が利用できるよ
うな教育技術・技法（たとえば，授業設計や授業評価の技法，授業実践の技術，
教師教育の技法など）の開発とそれらの体系化を行う」と述べている。このよ

うな指摘については，大学教育においても同様であろう。初任教員研修や FD
プログラム認証は，システムズ・アプローチにより実践および研究が進められ
ていくことが求められる。初任教員研修や FD プログラム認証が進められる
際には，初任教員が目の前の学生，カリキュラム，教育・学習環境，教育制度，
研究・社会貢献・マネジメント等との相互関連性のもと，自身の職能を開発す
るよう支援されることが大切であろう。そしてその際には，初任教員研修や
FD プログラム認証が，大学教育をシステムズ・アプローチにより捉えるため
の契機となることも期待されるのである。

10.6　今後の課題

　以上のように初任教員研修について検討した。実質的な初任教員研修を今後，
企画・運営するためには，初任教員のニーズとのマッチング，授業参観と検討
会をはじめとした研修プログラムの目的と内容の整合性，関わる教員の研究領
域のマッチング等に配慮することが大切である。そして，初任教員研修プログ
ラムの質の向上のための認証システムに関しては，正規のプロフェッショナル
教育課程として位置づける，教育課程の修了が人事要件となる，キャリア形成
と関係する，教育職のプロフェッショナル化が目指されるといった課題と向き
合うとともに，どの機関がどのような基準を用いて認証するのかという課題を
今後，探究していかなければならない。
　また，大学院生を対象にしたいわゆる「プレ FD」との連携も図っていく必
要があろう。新任教員研修基準枠組は，大学院生を対象にしたプレ FD「東京
大学フューチャーファカルティプログラム（東大 FFP）」においても活用され
ている（栗田ほか 2014）。プレ FD と初任教員研修（そして，中堅・管理職の
教員研修）との連携により，初任教員研修がより充実したものとなるよう，そ
の連携のあり方について実践と研究が重ねられていくことが望まれる。さらに
は，実務家教員や FD 担当者等，大学教員の多様性を射程に入れ，大学教授
職の再定義を念頭におきながら（佐藤ほか 2018），多様な初任教員がそれぞれ
の職能を開発していくことを支援するアプローチが必要となろう。

参考文献

藤岡完治（2001）「大学授業の参加観察」『京都大学高等教育叢書』11：1-23.

林泰子・井上史子・沖裕貴（2014）「立命館大学における新任教員対象『実践的 FD プログラム』の成果と展開」『教育情報研究』29(3-4)：25-36.

姫野完治・細川和仁（2008）「大学における授業参観と事後検討の現状と課題」『秋田大学教育文化学部教育実践研究紀』30：203-211.

井上裕光・藤岡完治（1995）「教師教育のための「私的」言語を用いた授業分析法の開発——カード構造化法とその適用」『日本教育工学雑誌』18(3)：209-217.

井上史子・沖裕貴・林徳治（2010）「実践的 FD プログラムの開発——大教員の教授・学習支援能力の提案」『教育情報研究』26(1)：17-28.

加藤かおり（2010a）「大学教員の教育力向上のための基準枠組み」『国立教育政策研究所紀要』139：37-48.

加藤かおり（2010b）「平成21年度全学新任教員研修（報告）」『新潟大学大学教育研究年報』16：155-160.

加藤かおり（2011）「イギリスにおける大学教授職の資格制度」東北大学高等教育開発推進センター『諸外国の大学教授職の資格制度に関する実態調査』（文部科学省先導的大学改革推進委託事業 平成22年度報告書）：166-198.

加藤かおり（2014）「イギリスの新任教員教育課程——日本の「新任教員研修」と何が違うのか」『IDE：現代の高等教育』559：54-58.

加藤かおり・杉原真晃・川島啓二・沖裕貴（2015）「大学教師の専門性およびその開発プログラム認証のための基準」『大学教育学会誌』37(2)：71-74.

加藤かおり・杉原真晃・川島啓二・沖裕貴（2017）「『FD プログラム認証』の枠組に関する開発的研究」大学教育学会2017年度課題研究集会ポスター・セッション，2017年12月2日，関西国際大学.

川島啓二・加藤かおり・岡田佳子・杉原真晃（2010）「大学における新任教員研修のための基準枠組」
https://docs.wixstatic.com/ugd/0f803d_81106b703aa343ceacb872f7b8d223f7.pdf

川面きよ（2011）「大学間連携で取り組む FD 活動——階層別研修：新任教員合同研修を例に」『日本教育工学会研究報告集』5：43-48.

京都大学高等教育教授システム開発センター編（2001）『大学授業のフィールドワーク——京都大学公開実験授業』玉川大学出版部.

栗田佳代子・吉見俊哉・中原淳（2014）「東京大学フューチャーファカルティプログラムの意義と展望」『IDE：現代の高等教育』559：46-50.

中村晃・神藤貴昭・田口真奈・西森年寿・中原淳（2007）「大学教員初任者の不安の構造とその不安が職務満足感に与える影響」『教育心理学研究』55：491-500.

大山牧子・田口真奈（2013）「カード構造化法を用いた大学初任教員の授業省察」『日本教育工学会論文誌』37(Suppl.)：173-176.

沖裕貴・井上史子・林徳治・安岡高志・江原武一・金剛理恵・淺野昭人（2009）「『全国私立大学 FD 連携フォーラム』を通じた実践的 FD プログラムの開発」『立命館高等教育研

究』9：159-174.

佐藤万知・杉原真晃・立石慎治・丸山和昭（2018）「大学教員のアイデンティティに関する探求――写真投影法を用いた探索的検討」大学教育学会第40回大会自由研究発表，6月10日，筑波大学.

ショーン，D. A., 柳沢昌一・三輪建二訳（2007）『省察的実践とは何か――プロフェッショナルの行為と思考』鳳書房.

神藤貴昭（2006）「徳島大学全学 FD プログラムに関するアンケート報告――FD 基礎プログラム・FD リーダーワークショップについて」『大学教育研究ジャーナル』3：66-74.

神藤貴昭（2007）「大学における授業コンサルテーションの実施とその評価」『日本教育心理学会総会発表論文集』49：492.

杉原真晃・川島啓二・加藤かおり・岡田佳子（2009）「FD プログラムの開発を支援する――『新任教員 FD のための基準枠組』をツールとして」『大学教育学会誌』31(2)：71-74.

田口真奈・藤田志穂・神藤貴昭・溝上慎一（2004）「FD としての公開授業の類型化――13大学の事例をもとに」『日本教育工学雑誌』27(Suppl.)：25-28.

吉崎静夫（2012）「教育工学としての授業研究」水越敏行・吉崎静夫・木原俊行・田口真奈著『教育工学選書6　授業研究と教育工学』ミネルヴァ書房，1-29.

第 3 部
組織改善と学習環境の構築を
目的とした実践研究

第11章

ICT を活用した組織的な教育改善支援

江本理恵

11.1 ICT を活用した組織的な授業改善支援の要因

本章は，大学教育における「ICT を活用した組織的な教育改善支援」を
テーマとしている。このテーマは，次の3つの課題を含んでいる。

1) ICT を活用した教育改善支援
2) 組織的な教育改善支援
3) ICT を活用した教育支援システムの組織的活用

最初の「ICT を活用した教育改善支援」は，主に教育改善のための具体的
なシステムに関することである。次の「組織的な教育改善支援」は，大学教育
の観点からは，FD が重要な役割を占めると考えられる。最後の「ICT を活用
した教育支援システムの組織的活用」については，どんなに優れたシステムを
導入しても，組織的に活用されなければ「組織的な教育改善」ができないこと
から，システムを組織的に活用するための知見が必要であろう。

本節では，「大学における組織的な教育改善」つまり「FD」という文脈を踏
まえて，前述の3つの課題毎に研究動向を概観し，その後，具体的な事例を取
り上げることとする。

11.1.1 ICT を活用した教育改善支援

「ICT を活用した教育改善支援」，つまり，教育改善支援システムの研究は，
教育工学が得意とする分野である。

日本教育工学会では，2008年度に特集号「学力向上を目指した ICT 活用の
デザイン・実践・効果」を発刊している。この特集号では，学力向上を目指し

た ICT 活用の系譜や現状，課題等を議論しており，清水ら（2008）は，小・中・高の教員の協力を得て大規模に ICT 活用授業を実施し，その結果を総合的に分析，評価している。これらの結果によると，ICT を活用した授業の方が，生徒の客観的テストの成績が有意に高くなっている。

　さらに，2010年 2 月には投稿規定が改定され，論文種別として「教育システム開発論文」が設定された。この「教育システム開発論文」は，「教育の改善等を目的にして教育システムを開発し，既存の要素技術の組み合わせ方や方法，あるいは，開発したシステムや要素技術自体に新規性があるもの」と定義されており，この規定改定は，「教育改善等を目的とした教育システム開発」が，教育工学分野の主要なテーマであることを示している。

　2014年度には，特集号「1 人 1 台端末時代の学習環境と学習支援」を刊行し，初等中等教育に加えて高等教育の現場でも使える学習環境や学習支援に関する論文が掲載されている。また，2018年度の特集号「アクティブラーニングのデザイン・実践・評価」では，たとえば，西森ら（2019）が多人数授業におけるグループワークの運用を支援するグループウェアを開発している。こういったシステムを活用すれば，大学の授業における「アクティブラーニング」がより効果的に実施できる可能性があり，今後の研究開発が期待される。

　通常の論文誌にも「教育システム開発論文」が継続的に掲載されており，教育改善を目的とした支援システムの研究は，現在も盛んに行われている。

11.1.2　組織的な教育改善支援

　日本教育工学会では，2012年度に特集号「大学教育の改善・FD」を刊行している。採択された論文13本を整理すると，「特定の授業の改善に関する研究」，「授業改善のための手がかりの明確化と取得方法」，「学習者・学習の場をつなぐ実践とその効果」，「高等教育機関における FD 担当者の認識」の 4 タイプに分けられる（吉崎・益子 2012）。この内，「高等教育機関における FD 担当者の認識」に該当するのが資料 1 本（田口ほか 2012）であり，当時，国立大学で増えてきた「大学教育センター」等で FD を職務とする若手研究者のやりがいやキャリア展望に関する研究である。つまり，本特集号のほとんどが個別の

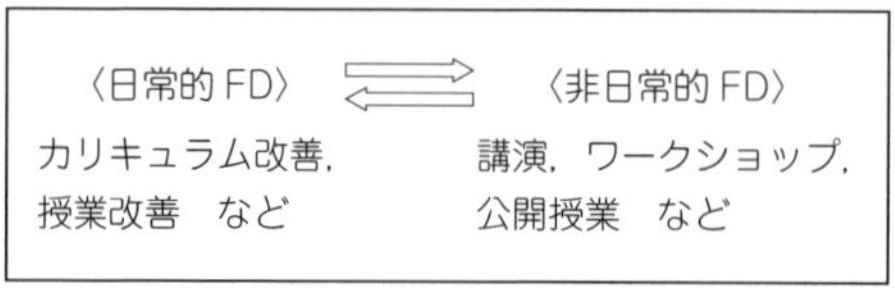

```
〈日常的 FD〉　⇄　　〈非日常的 FD〉
カリキュラム改善，　　講演．ワークショップ，
授業改善　など　　　　公開授業　など
```

図 11-1　教育改善の中に埋め込まれた FD
出典：松下（2007）.

「大学教育の改善」をテーマとしており，「FD」そのものについての議論はほとんど行われていない。

教育工学分野以外では，大学教育学会で「FD」に関する活発な議論が行われてきている。大学教育学会の前身の一般教育学会では，1987年に「FD アンケート調査」を行い，調査報告書を発表している（一般教育学会 1997）。その後も，学会の課題研究として「FD のダイナミクス」（2006年度から2008年度），「FD の実践的課題解決のための重層的アプローチ」（2012年度から2014年度）等が設定され，多くの論文等が発表されている。

「FD のダイナミクス」の議論の中で，松下（2007）は，「大学という組織において，教員（教員個人あるいは教授団）が，教育改善にたずさわりながら，自らの教育能力を発達させていくこと」と「FD」を再定義し，「教育改善の中に埋め込まれた FD」を提唱している（図 11-1）。同論文ではカーネギー財団が取り組んでいる SoTL（Scholarship of Teaching and Learning）の取り組みにも触れている。SoTL の提唱者のシュルマンは，「大学教員の教育者としての学識は，それぞれの専門性に根ざしながら，学生の学習をエビデンスとして議論しあう教育実践コミュニティによって担保される」（松下 2007）と言う。このコミュニティの基本的活動である記録（documentation）・交流（exchange）・相互評価（peer review）を支えるための様々なテクノロジーも開発されているということである。

さらに，「FD」へのアプローチ方法として「工学的アプローチ」と「羅生門的アプローチ」の２つを対峙させた議論も行われている（田中 2008）。田中は，「工学的（工学的経営学的）アプローチ」として「意図的な計画，それに基づく目標分析，研修内容配列による合理的で分析的な組織化」を，「羅生門的アプローチ」として「目標にとらわれず即興を重視する総合的な組織化」を対比的に論じている。ただし，これらは対立する概念ではなく，「FD の工学的経営学的モデルを教員集団の日常性に向けて繰り返し〈ずらす〉ことである。

〈ずらし〉とは，このモデルが今一度，生成性を回復することである。」とも述べている。関連して，絹川（2008）は，「『工経的モデル』の限界を乗り越える FD の地平の展望の鍵になることは，『実践のコミュニティ』の形成である。そのヒントは，我々の探求の過程でその重要性を認識した『日常的 FD』（日常性に埋もれた FD）活動への注目である。」等と述べており，「工学的アプローチ」を基本とする教育工学研究にとっては，大変示唆に富むものである。これらの議論で出された「日常的 FD」（日常性に埋もれた FD），「実践的コミュニティ」は，FD をテーマとした研究を行うときに鍵となる概念となるだろう。

　これをうけて行われた課題研究「FD の実践的課題解決のための重層的アプローチ」は，FD の課題を，ミクロ・レベル（授業），ミドル・レベル（カリキュラム），マクロ・レベル（組織）の三層で分けたアプローチで解決しようというものである。佐藤（2013）は，「質を重視した学習」を中心においた重層的アプローチの概念図を提示している。高等教育開発者，個々の教員，部局教育責任者，全学教育責任者の 4 者を想定し，彼らが相互に関係をもちながら FD の主体となっていること，そして，授業改善を意味することが多かった FD が狭義の FD として批判されている現状というのは，FD が授業改善に向けた教員の個人的活動に収まる活動ではなく，学内の関係者が連携して取り組まねばならない組織的活動になっていることを意味していると指摘し，「教授者中心の FD（単層的 FD）から教育システムとしての FD（重層的 FD）論」への変容を目指している。

　続いて，井上（2014）は，組織的 FD 活動を「団体や集団に属する個人（教員，職員）の成長を基盤に，ポジティブな相互作用（連帯感や満足感に立った円滑なコミュニケーション）により，内部から教学に関わる新たな価値観や規範を創出するとともに，環境（社会）に対してより積極的に働きかけていく取組」と定義し，「個→集団→団体（大学）→環境（社会）→個」というサイクルの中で自ら進化する組織であるべきことを提言している。

　これらの議論から，本章のテーマである「組織的な教育改善支援」の「組織的」をどう定義するのか，これは再度検討する必要があると考えられる。

11.1.3　ICT を活用した教育支援システムの組織的活用

11.1.1 で見たように，日本教育工学会では，以前より「教育改善等を目的とした教育システム開発」が盛んに行われており，様々な魅力的なシステムが開発されている。

その一方，開発された教育効果の高い教育支援システムを組織的に持続的に活用し続けた事例を取り扱った論文はこの5年ほどの間は存在せず，開発された効果的なシステムを「組織として」使うための研究は今後の課題だと考えられる。

教育システム情報学会では，2015年に「持続可能な学習教育支援システムの開発と運用」という特集号を出しており，3本の解説，9本の論文が掲載されている。前述の通り，ICT を活用した教育支援のシステムを適切に活用すれば学習者に効果的に学ばせることができることはほぼ疑いのないことだが，それが「組織的」に「持続可能な形」で運用されている事例は多くはない。本特集号に掲載されている解説の3本はどれも大学をフィールドとしたものであり，組織としての取り組みを取り上げている。ただし，掲載された論文9本のうち，大学教育をテーマとしたものは7本あるが，組織的に取り組んでいる実践をテーマとした論文は3本にとどまる。ここから，学習教育支援システムを開発し，持続的に組織として運用していくことの難しさ，そして，その成果を論文にまとめる難しさが垣間見える。

「組織的に」システムを活用するのは，システムを開発することとはまた違った側面からの検討が必要で，**11.1.2** で見るように，教育改善における「組織的な」とは一体なんなのか，そして，ICT を活用してどのように「組織的」を支援するのか，今後の議論が期待される。

11.2　ICT を活用した組織的な教育改善支援の具体例

本節では，ICT を活用した組織的な教育改善支援の具体例として，筆者の所属する岩手大学の取り組みを紹介する。

岩手大学では，2005（平成17）年から3年間，「ICT を活用した組織的な教

育改善支援」を目的とした「大学教育センターにおける組織的授業改善と教室
外学習支援システムの構築」プロジェクトに取り組んだ。本プロジェクトでは，
組織的・持続的に多くの構成員が使う教育改善のためのシステム「I^n Assistant（以降，アイアシスタントと表記）」を構築し，令和元年度まで運用を続
けている（江本 2015）。

11.2.1　ICT を活用した教育改善支援

　「アイアシスタント」は，学務情報システムと連携した Web ベースの教育
支援システムで，全学共通の Web シラバス運用を基に，授業実施期間中に活
用できる授業支援の機能を併せ持つシステムとして構築されている。
　教員・学生ともに，ログインするとトップページが表示される。このトップ
ページには，教員であれば自分の担当授業科目の時間割，学生であれば自分の
履修している科目の時間割が表示される。教員，学生ともに，時間割の科目名
をクリックすると，当該科目の「授業記録」のページが表示される。「授業記
録」は毎回の授業を記録するための機能で，テキストとして記録が入力でき，
プレゼンテーションや資料などの電子ファイルを登録しておくことができる。
学生にもその記録は表示され，登録された資料などを閲覧することができる。
「学習支援」の機能には，Web 上でテキストの入力・提出ができる「ｉカー
ド」，電子ファイルの授受ができる「課題・レポート」，Web 上で小テストや
アンケートを実施できる機能等がある。
　その他，教員が休講・補講などを学務課担当グループに連絡するための「事
務連絡」機能や，事務職員が学生に各種情報を提供するための機能などがある。
　このように，「アイアシスタント」は，一般的には「Learning Manegement
System：LMS」という教育支援システムの１つである。普及している他システ
ムと違う点があるとすれば，主なものとして次の２つが挙げられる。１つめ
が「シラバス」と「授業記録」の間に密接な連携がされており，シラバスで入
力された内容が自動的に「授業記録」側に反映されること，逆に「授業記録」
の入力内容を次年度の「シラバス」に反映させる等の機能が実装されているこ
とである。２つめは，職員向けの機能が充実しており，学生に「休講」や「補

講」，各種「お知らせ」を配信できることである。

11.2.2　組織的な教育改善支援

　11.1.2 で見たように，工学的アプローチをもって「FD」を実質化するには，「日常的 FD」や「実践的コミュニティ」が鍵になると考えられる。実際，教育の現場で ICT を適切に活用すれば教育効果があがることは明らかで，今回の取り組みでは，学生に対する学習効果というよりはむしろ，教員に対する働きかけに力点を置くことになった。LMS を組織的に運用し，多くの授業で活用してもらうことができれば，ミクロ・レベルの教育改善支援を，システムを用いて組織的に行えると考えられるからである。

　「組織的な教育改善」つまり「FD」の視点を取り入れたシステムを開発するにあたり，従来の LMS の機能に加えて，「日常的な教育活動を記録すること」，「同僚と共有すること」を取り入れるために，教員個人の日常的でかつ基本的な授業改善活動である「授業計画を立て，準備し，実施し，学生の反応などから振り返りを行い，次の授業の計画に反映させる」というプロセスをシステム上に構築し，これらの活動のデータを蓄積することを検討した。その結果が「シラバス」と「授業記録」の連携であり，これによって，授業実施におけるPDCA サイクル（授業計画の作成：Plan→授業実施：Do→授業記録（振り返り）：Check→改善策の検討：Action）を可視化し，そのデータをデータベースに蓄積することが可能となった（図 11 - 2）。さらに，これらの「シラバス」や「授業記録」は原則公開とし，同僚間で共有できるようにした。

　教員は，「シラバス」で事前に授業計画を立て，授業期間中は「授業記録」を利用して「日常的な教育活動」を記録する。授業終了直後に「シラバス」に記述した内容と比較しながら実際の授業内容をテキストで入力し，加えて，プレゼンテーションや配布資料の電子ファイルなどを登録する。その結果，自身の教育活動の振り返りが促され，次回以降の授業計画，さらに次年度の授業計画の立案に活かされることを目指している。

　加えて，「学習支援」の機能を用いれば学生の提出したレポート等のデータを蓄積することができ，このような蓄積データが教育改善のための「エビデン

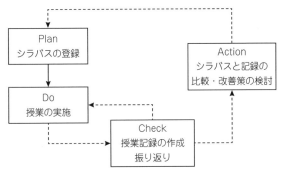

図 11-2　授業実施の PDCA サイクル

出典：江本（2015）.

ス」となることが期待される。

11.2.3　ICT を活用した教育支援システムの組織的活用

　本プロジェクトで開発したシステムを「ICT を活用した組織的な教育改善支援」につなげるためには，何よりも組織的に「使ってもらう」ことが必要である。そこで，先行事例から5つの観点を導きだして開発及び運用体制の構築に臨んだ。その観点は以下の通りである。

　(1) 全学の情報基盤システムとの連携

　(2) 教務関係情報システムとの連携

　(3) 教員・学生・職員の3者で使うシステム

　(4) 個人に頼らない運用体制の構築

　(5) ポータル機能の整備

　システム開発時には，これらの観点を取り入れた上で，教育改善の視点も取り入れ，マニュアル作成や研修などの支援活動に取り組んでいる。

　研修としては，導入当初は各学部を会場としての説明会，及び，研修会を実施し，システムの「ガイド」，「シラバス作成の手引き」といった冊子を配布した。この「シラバス作成の手引き」は，毎年，シラバス作成の時期に全教員に配布し，シラバス作成に対する啓蒙活動を行っている。

　さらに，2011（平成23）年度からは，春と秋の2回の新規採用教員研修にシ

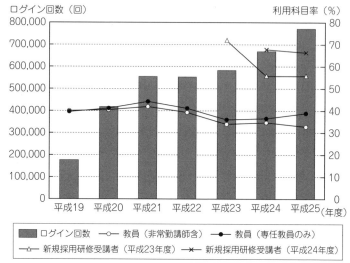

ログイン回数（回）　　　　　　　　　　　　　　利用科目率（%）

図11-3　アイアシスタントのログイン状況及び教員の利用状況の推移
出典：江本（2015）のデータに基づき筆者が新たに作成.

ステム研修を取り入れ，テストアカウントを用いて，実際にログインしての研修を行っている。

11.2.4　運 用 結 果

　図11-3に本格稼働以降のログイン数推移，及び，教員の利用状況（利用科目率）を示す。本格稼働2年目の平成20年度からログイン回数が多くなり，平成21年度から平成23年度は横ばい，平成24年度から再び増加傾向にあることが読み取れる。

　教員（全教員）の利用状況を見てみると，全開講科目のうち，「アイアシスタント」の「授業記録」を利用している，あるいは，何らかの「学習支援」機能を利用している科目の割合を算出した「利用科目率」は，導入当初の40%から少しずつ増加し，4年目で減少傾向に転じ，緩やかに減少を続けている。この後，2015（平成27）年度に再度調査を行ったところ，「授業記録」の利用状況は約39%，専任教員に限ると約42%と，穏やかに増加傾向にある。

　新規採用教員研修受講者に限定した利用状況を見てみると，研修受講者の利

用状況が明らかに高くなっている。これは，全体の利用科目率は減少傾向にあるのに，専任教員の利用科目率は増加に転じていることの理由の１つでもあろう。

　新規採用教員受講者の利用状況を少し詳細に見てみると，平成23年度研修受講者の「授業記録」利用率は63.8%，49.4%，49.5%，平成24年度研修受講者は66.1%，54.7%と減少傾向にあるのに対して，平成23年度研修受講者の「課題・レポート」機能の利用率が4.3%，7.6%，12.6%，平成24年度研修受講者は5.1%，8.1%と増加傾向が見られる。この結果から，「授業記録」だけを使っている教員は，徐々に「使わない」傾向にあるが，「授業記録」に加えて「課題・レポート」等の LMS の機能を使う教員は「使い続ける」傾向がある，という仮説が立てられる。

11.2.5　考　察

　「アイアシスタント」へのログイン数は年々増加しているが，この主な理由として，学生にとって「アイアシスタント」が「ポータル」としての役割を担っていることが考えられるだろう。学生にとっては，時間割が表示され，授業に関する先生からの情報（「授業記録」など），事務からの情報（休講，補講，集中講義，奨学金関連情報など）が一覧で確認できるため，「ポータル」としての役割が大きいものと考えられる。教員の利用を高めるには，学生が利用していること，学生から教員へ「使ってほしい」と働きかけがあることが重要で，「学生が使うシステム」としてのポータルとの連携は重要な観点だと考えられる。

　アイアシスタントの特徴は，ポータル，シラバス，LMS と，一般的に別のシステムとして運用されることの多いシステムをシームレスに連携しているところである。職員が情報を発信する，学生がポータルとして使う，大学としてシラバスを用意する，といった「組織としての取り組み」とシステムがうまく合致したことにより，LMS の活用も推進されていくものだと考えられる。

　また，新規採用教員研修の成果は特筆すべきものである。研修受講者の「アイアシスタント」の利用率が明らかに高く，積極的に様々な機能を利用してい

る傾向が見られる。一度使うことでその後も使い続ける傾向があるので，「一度使って」の経験を研修で提供できることの効果は大きい。また，非常勤講師を含めた利用状況と専任教員のみの利用状況に差が年々広がっていることから，非常勤講師への対応も考えなければならない。

　しかし，江本（2015）では，このような教育支援システムを「持続的に運用される」ための観点や知見が示されているが，図11-1に示した「授業実施におけるPDCAサイクル」が実際の教育改善に役に立っているかどうかの検証はなされていない。教育工学の研究としては，10年以上の運用から得られた各種データを用いて，ラーニング・アナリティクス等の手法を用いて分析を行い，教育改善にどの程度寄与しているのかを明らかにしていくことが求められるだろう。

11.3　今後の方向性

　これまでみてきたように，大学教育における「ICTを活用した組織的な教育改善支援」の3つの課題（ICTを活用した教育改善支援，組織的な教育改善支援，ICTを活用した教育支援システムの組織的活用）において，教育工学分野では，ICTを活用した教育改善のシステムについての研究は盛んである一方，「組織的」の部分，「組織的な教育改善支援」や「教育支援システムの組織的活用」の面での研究は，まだまだ不十分であることがわかる。

　しかし，新しい方向も見えてきている。2017年度に刊行された日本教育工学会の特集号「教育情報化時代のラーニング・アナリティクス」では，大学教育を取り扱った論文が7本中5本掲載されており，その5本のうち，3本が組織として集めたデータを用いた研究である。総説（山田 2018）に，「今後はラーニング・アナリティクスの目的である教育・学習の改善にどうつながるのか，理論に基づきながらも，改善までを評価するような統合された教育研究・改善を担う組織の研究が求められている」とあるように，組織として集めたデータを用いて，組織として教育・学習の改善につなげていく研究が求められているのだろう。

　今回の具体事例でも今後の課題となっているのは，大規模運用だからこそ得られるデータを用いた研究である。教育改善を目的としたシステムを開発し，組織的に大規模の運用したときに，本当に目的に沿った教育改善効果があるのだろうか，もしくは，目的には沿っていないが，意外な効果があるのではないだろうか。今後，大規模運用だからこそ得られるデータを活用した研究が求められる。

参考文献

江本理恵（2015）「高等教育機関における大規模かつ持続的な教育支援システムの運用に関する考察」『教育システム情報学会誌』32(1)：111-122.

井上史子（2014）「組織的 FD 活動と『学習する組織』の構築」『大学教育学会誌』36(1)：100-103.

一般教育学会編（1997）『大学教育研究の課題』玉川大学出版部.

絹川正吉（2008）「FD のダイナミクス（その 2）」『大学教育学会誌』30(1)：57-62.

松下佳代（2007）「課題研究「FD のダイナミクス」の方法と展望」『大学教育学会誌』29(1)：76-80.

西森年寿・加藤浩・八重樫文・望月俊男・安藤拓生・奥林泰一郎（2019）「多人数授業におけるグループワークの運営を支援するグループウェアの開発と評価」『日本教育工学会論文誌』42(3)：271-281.

佐藤浩章（2013）「本課題研究の意義とアプローチ法――日本における FD の批判的検討を踏まえて」『大学教育学会誌』35(1)：52-56.

清水康敬・山本朋弘・堀田龍也・小泉力一・横山隆光（2008）「IICT 活用授業による学力向上に関する総合的分析評価」『日本教育工学論文誌』32(3)：293-303.

田口真奈・半澤礼之・杉原真晃・村上正行（2012）「若手 FD 担当者の業務に対する『やりがい』と『不安』――他部局との連携とキャリア展望の観点から」『日本教育工学会論文誌』36(3)：327-337.

田中毎実（2008）「FD の工学的経営学的モデルとその生成性の回復のために」『大学教育学会誌』30(1)：54-56.

山田政寛（2018）「ラーニング・アナリティクス研究の現状と今後の方向性」『日本教育工学会論文誌』41(3)：189-197.

吉崎静夫・益子典文（2012）「特集号『大学教育の改善・FD』刊行にあたって」『日本教育工学論文誌』36(3)：167-170.

第12章

I R

松田岳士

12.1 教育を対象とした IR

IR とは Institutional Research の略称であり，「大学機関研究」(山田 2012)
や「機関調査」(武田 2012) と訳され，「高等教育機関内の調査研究を実施する
機能または部門」(大学改革支援・学位授与機構 2016) のことを指す。すでに高
等教育機関に IR が普及した米国では，IR の分析対象は教職員の給与水準か
らアクレディテーション，寄付金，エンロールメントマネジメントまで幅広い。
しかし，日本の IR はもっぱら教育や学習の成果や学習環境の整備状況を対象
とするケースが多く，しばしば「教学 IR」(山田 2011) という概念で語られる。
また，教育工学選書で扱うべき内容も教育・学習に関する事項となる。した
がって，本章では IR 全般に関する記述を可能な限り省略し，教学 IR の役割
や教学 IR のシステムを説明してから，教育工学との関わりを検討する。

12.2 教学 IR の役割

教学 IR とは「エビデンスベースから大学教育改善へとつなげることを大学
内で制度として組み入れること」(山田 2012)，より簡単にいえば「教育・学習
に関するデータを扱う IR」(松田 2014) である。IR には多くの機能があるが，
沖 (2011) はいくつかの典型的な IR の類型を紹介したうえで，最も単純化し
た分類として経営改善，教育機能改善，認証評価・情報提供の三機能を挙げて
いる。教学 IR の機能はこれらのうち教育機能改善に該当する。

多くの IR の機能のうち，教学 IR がいち早く発展してきた背景として，日本

独特の事情がある。教学 IR の主な促進要因を整理すると，以下のようになる。

1）IR を教育改革の手段として推奨する動き

　主に政府の政策誘導の影響を受けている要因といえる。たとえば一般に「学士課程答申」と呼ばれる2008年の中教審答申では，大学職員の職能開発として「教育方法の改革の実践を支える人材」の例が列挙され，その中に「大学の諸活動に関する調査データを収集・分析し，経営を支援する職員」という IR 担当職員が含まれた（中央教育審議会 2008）。また，私学助成においても，たとえば，私立大学等教育研究活性化設備整備費補助金の「評価する取組」の一つとして「IR 担当部署の設置」が明記され（文部科学省 2015），私立大学改革総合支援事業でも補助金による支援が設定されるなど，IR 組織の整備が進む一因となっている。

2）エビデンスベースの教育質保証ニーズ

　認証評価において質保証の指標が具体化，多様化するだけでなく，高等教育機関は内部質保証や教育改善を PDCA サイクルに沿ってシステマチックに行うことが求められている（たとえば，大学基準協会 2009）。また，反転授業や MOOCs では，e ラーニングやモバイルラーニングが活用されるので，結果的にデータを活用した教育質保証・向上が図られることになる。その他にも e ポートフォリオや学生用ポータルサイトなど，エビデンスとして用いることができるデータをもつシステムが導入されている。

3）教育に関する大学の説明責任が求められる状況の常態化

　学外に対してデータの裏付けをもった情報提供の場が増え，常態化している。これは，各種大学ランキングの増加に加えて，「データベースを用いた国公私立の大学の教育情報を公表・活用する共通的な仕組みとして」2015年に大学ポートレート（大学改革支援・学位授与機構 2015）がスタートしたことや，高校生・その保護者を対象にしたオープンキャンパス，卒業生・同窓会を対象にしたホームカミングデー等の開催が一般化し，それらのイベントで教育に関する情報提供が必要になっていることも影響している。

　これらに対応するために，学部・研究科，入試担当，広報担当など関係部局がケースバイケースでデータ分析に取り組むのはあまりに非効率である。さら

に，学内の教学データの全体像を把握している立場の教職員がいない場合，見落としや矛盾が生じる可能性も高い。したがって，高等教育機関にとって教学データを一手に扱い，ワンストップサービスの報告を提供する部署が存在するメリットは大きい。

　一方，このような IR 導入理由は，教育機関の主体的選択によるものではなく，外圧を受けて反応しているだけではないかという批判も考えられる。しかし，導入動機自体は外発的なものであっても，実際に教学 IR 担当部署が設置され，専任の教職員が活動し始めると（機関ごとにレベルの差こそあれ）データの集約と従来の分析枠組みを超えた可視化が進むため，教学マネジメントや体系的な教学データ共有の仕組みが構築され，直接的・間接的に能動的な教育改善にも寄与するのである。

12.3　教学 IR による教育の改善

　教学分野に限定されるとしても，IR の活動は，「データの収集→分析→分析結果の報告」という流れを経ることになる。そこで，まず教育の改善に用いられるデータを整理すると，表12-1のようになる。

　これらのうち，最も広く普及し，データが使用されているのは学生による授業評価アンケートであろう。実際，文部科学省（2014）によると，すでに2012年の段階で全国の94％の大学において，すべての学部もしくはすべての研究科で学生による授業評価が実施されており，その結果を組織的に検討し，授業内容等に反映する機会を設けている大学も49％に達している。教育工学研究においても新たな教育（学習）方法や新たな学習支援システムを開発し，その効果を授業評価の一環として質問紙調査する手法は多く見られる。授業評価アンケートを教育改善に用いる理論的根拠は，インストラクショナル・デザインや学習成果測定に関する理論（直接・間接評価）に求められる。

　一方，教育成果の評価方法は直接評価と間接評価に分けられ，前者には科目ごとの試験，レポート，卒業論文・卒業研究，学位取得率などが，後者には学習者の自己評価，教育プログラムへの満足度，修了率などが含まれる。間接評

表 12-1　教学 IR の分析対象となるデータ例

		実　　例	収集方法
属性・プロフィール・進路		出身地，性別，就職内定先	出願書類，学籍情報，学生調査
学習成果	入試	センター試験成績，内申成績	試験情報取得 内申書の取得
	入学後	GPA，取得単位数	学務情報システム登録情報
	資格	国家試験合否	試験情報取得
	直接・間接評価	達成度 自己評価	授業成果（成績評価結果） 授業評価（学生調査）
修学状況		出席率，ICT 活用記録	出欠調査，入退館データ，システムログ
満足度		入学時満足度 卒業時満足度	学生調査

出典：松田（2014）．

価の特徴は「学生の期待度や満足度，学習行動の把握，関与や経験を把握することにより，成果へと導く教育の課題を評価する機能を持っていること」（山田 2012）であり，「プロセス評価」とも呼ばれる。そして，間接評価データの多くをカバーしているのが授業評価アンケートである。

　学生による授業評価の主要な課題は，PDCA サイクルが機能していないケースが多いことと，教育の改善に用いられるとしても実際にアンケートに回答した学生が受益者とならないことである。前者に関しては，先述した実施率（94％）と組織的活用率（49％）の差が物語るように，アンケートを実施してデータを集計した後の改善活動はしばしば授業担当教員に一任されてしまうため，改善の効果検証まで組織的に行われるケースは少ない。

　また，授業評価の多くが授業終了時期に実施されているため，次学期以降の改善にしか活かされず，受講中の学生にとって改善結果が実感できないことは，回答率や回答の信頼性に影響を及ぼしていると考えられる。そのため，中間アンケートとして学期途中に授業評価を実施し，受講中の授業改善に結びつけている大学も増えてきている（田畑 2014）。中間アンケートで重要なのは，迅速な集計と分析であり，システム化されていない場合，全学規模で行うには特別な体制を取る，あるいは外部業者に委託するといった対応が必要である。

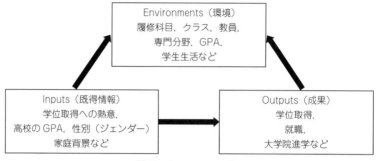

図 12 - 1　I-E-O モデル

出典：Astin（1997）.

　個々の授業評価の結果が，基本的に教員単位でフィードバックされるのに対
して，より大きな粒度，たとえば学部・学科によるミッションの定義，ディプ
ロマ・ポリシーの策定・改定，カリキュラム開発や大学全体の FD 設計など
にフィードバックされるデータとして，資格取得の状況，単位修得率，GPA
の推移，入試種別ごとの成績や卒業・修了時の満足度などがある。これら粒度
の大きい教育改善に用いられる理論として，カレッジ・インパクトやコンピテ
ンシー形成に関するものがある。

　そのうちカレッジ・インパクトとは，「大学に通うことにより，学生の態度
変容や知識・技能の獲得に対して及ぼされる影響のこと」（作田 2000）である。
したがって，大学・短大を卒業するまでに学生がどのように成長するのかを把
握することによってカレッジ・インパクトを測定することができると考えられ
る。カレッジ・インパクト研究の代表的なフレームワークとして，Astin
（1997）が提唱した I-E-O モデル（図 12 - 1）がある。

　I-E-O モデルでは，データ収集の手段として新入生を対象とした調査と，
上級生を対象とした調査を行い，高等教育機関における学習経験が学生に与え
る影響を研究することになる。このような効果検証を教学 IR が担当する場合，
結果的に教育機関が直接関与できる「環境」に該当する変数が重視される傾向
がある。いずれにしても，カレッジ・インパクトを真摯に検証しようとすると，
大規模かつ包括的な調査が必要である。

　また，教育機関全体の諸要素に関する分析では，学生数・学部数などの規模

や設置されている学部の分野，地域性などを勘案して，比較対象とすべき他の教育機関と様々な指標を比較検討する「ベンチマーク」活動が重視される場合がある。ベンチマークの指標を広げて，様々な経営判断の根拠としようとすると，学校基本調査や大学ポートレートに記載されている情報だけでは不十分であるため，複数大学が連携し，共通の学生調査を実施してその結果を比較可能な形で共有することになる。先述した大学ポートレートに対して制度設計時点ではベンチマーク機能が期待されていたし，参加校の間でベンチマーク可能な大学IR コンソーシアムのような連合体も現れている（大学 IR コンソーシアム 2013）。

　関東地区 IR 研究会を母体にして，2019年に同業者団体として日本インスティテューショナル・リサーチ協会が設立されたこと（日本インスティテューショナル・リサーチ協会 2019）や，それに先立って日本の大学 IR 全般をカバーした指標集が出版された動きも（関東地区 IR 研究会 2017），ベンチマークの重要性を自覚した IR 担当者の協力体制が進みつつあることを示している。

　さらに，教学 IR の成果を教育の改善にとどめず，分析結果を学生にフィードバックすることによって，学生自身の学びの改善に直接結びつけようとする動きもある。これについては，次節で実例を紹介する。

12.4　教育工学と教学 IR

　本節では教学工学と教学 IR との関わりと今後の課題を検討する。教育工学が教学 IR に関わるようになった理由には，その学際的性格も挙げられるが，より大きな促進要因として教学 IR で扱われるデータが拡大すると同時にデジタル化されたこと，教育工学では，実践研究も重視されることが指摘できる。

　先述したように，従来教学 IR の主要な分析対象となってきたのは学生調査のデータであり，かつて多くの調査は紙ベースで実施されていた。しかも，学校基本調査や大学ランキングなどを除くと，全国規模の定期的調査もなく，大学ランキングのデータは対象校の間で共有される性質のものではなかった。このような状況下で，IR のデータ収集・分析・報告は個別のニーズに応じてやや場当たり的に行われ，研究の対象となったとしても個々の学生調査の記述統

計を中心とした取りまとめ，個々の授業へのフィードバックと改善結果の確認，入試傾向の時系列分析などが中心であった。

　しかし，その後，分析可能なデータは増加し，オンラインアンケートシステムと学務システムとの連携，IC カード方式の学生証の広がりなどによる出欠確認や図書館利用者把握作業のシステム化を実現している教育機関も珍しくなくなっている。さらに，先述した ICT 活用教育関連のデータは，言うまでもなく最初から自動的にデジタルデータとしてサーバに蓄積されている。すなわち，システマチックな教学 IR 活動のベースとなるデータベースやデータウェアハウス構築が可能になり，それによって膨大な手間や長期の集計期間をかけなくても学習活動のプロセスや成果を分析できるようになった。

　それら教育ビッグデータを扱う学術的な動きとして，Learning Analytics（LA）や Educational Data Mining（EDM）などの学問分野が出現し，学生や学習活動パターンの（予測モデルを含む）モデル化の試みがみられるようになっている。そこで，LA や EDM の知見を活かして開発される教学 IR のシステムをいくつか解説し，課題を考察する。教学 IR システムの代表的なものは，ファクトブック，アーリーアラート，ベンチマークの三種類に大別される（松田・渡辺 2017）。このうち，ファクトブックとはその名が表すように，教育機関内の主要なデータを包括的・定期的取りまとめた統計データ集である。多くの高等教育機関においてファクトブックは紙ベース，あるいは PDF 等として管理され，必要に応じて主要部分が大学概要や広報ウェブサイトの形をとって学内外に公表されてきた。

　先に述べたように，諸システムと連携したデータウェアハウス整備を試みる際に，表示システムとしてまずファクトブックをオンライン化しようとする教育機関が増えている。しかし，オンライン・ファクトブックは単なる紙メディアのデジタル化ではなく，BI（Business Intelligence）ツールを活用して最新のデータを含む任意の時点のデータをダイナミックに表示することや，ユーザがデータ同士を組み合わせてクロス表やグラフを描くといった機能を備えることが可能である。また，たとえ更新回数が少ないとしてもアクセシビリティが高まるため，データに基づく判断を支援する機能が強化されることになる。

　たとえば，九州大学では「Q-Fact」と名づけられたファクトブック・シス

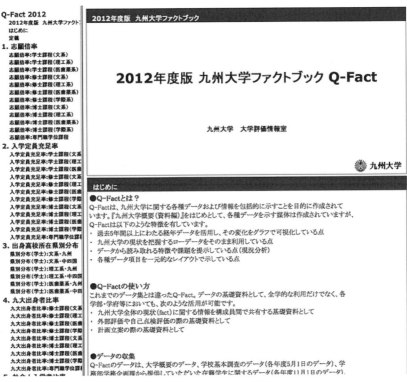

図 12 - 2　Q-Fact ホーム画面

出典：九州大学 大学評価情報室（2015）．

　テムのプロジェクトが2007年度から開始された。高森（2012）によると，学内に公開されている Q-Fact は，学校基本調査のデータを中心に学内に存在するデータを幅広く表示しているのに加え，データから読み取れる特徴や課題をまとめて提示しており，過去５年にさかのぼる時系列グラフも表示できるなど，紙ベースのデータ集とは異なるレベルのツールとなっている（図12-2）。ファクトブックは基本的に現状を把握するシステムであるため，クロス分析機能などを備えて，そこから何らかの傾向が読み取れるようになっていたとしても，当該教育機関にとって「診断書」を示すものである。

　これに対して，教育機関が今後どのような方策を採るべきかについて，すな

わち「処方箋」を提案するシステムも開発され始めている。その代表が，アーリーアラートシステムであり，留年や退学のリスクを抱えた学生を早期に発見することを可能にしている。

　NASPA（National Association of Student Personnel Administration）などの調査によると，米国の72％の大学はすでにアーリーアラートシステムを導入しており（NASPA et al. 2018），多くの米国の IR オフィスは予測システムを開発し，留年や退学のリスクを回避する活動に結びつけようとしている。たとえば図12-3 に表示した，University of the District of Columbia（UDC）の在学予測システムは，初年次を終えようとする学生が，自らの現状をプルダウンメニューで選択していくことによって，翌年の修了率を予測できるものである。その際，選択肢にはリメディアル教育への出席等が含まれており，システム開発の背後には学生の履修アドバイスとしての役割がある。

　同様の発想から，島根大学では，近未来予測型個別学修支援 IR システム「WILL BE」を開発していた。このシステムは，学生のデータをマイニングしてモデルを作り，学生に対して複数の将来像を予測して提示し，自律的な学習促進を図るものである（中鉢 2014）。ただし，日米の社会構造や大学への進学動機は大きく異なっているので，日本の大学で開発される予測システムは，入力データも，ユーザへの提示データや提示方法も米国とは異なっている。

　教学 IR 担当部署が管理するデータを活用して学生の留年確率等を予測する場合，予測の的中率向上やカリキュラム改編への対応など，技術的な問題のほかに，実際に学生や教職員への支援に役立つかという実務上の問題がある。WILL BE は当初から使用場面や使用方法を特定して開発されているため，このような問題をクリアしているといえる。

　これらに加えて，教育工学に含まれる教学 IR 研究のうち重要な分野を述べておきたい。まず，ダッシュボード研究の分野がある。ダッシュボードはデータの概要をまとめて一覧表示する機能や画面，ソフトウェアである。IR では非常に多種多様なデータを扱うため，ダッシュボードの設計は単なるインターフェースの問題ではなく，ダッシュボードからユーザが目的とするデータにアクセスするまでの導線の設計や効果的な可視化も関連する研究分野である。

Freshman Retention Estimator

Sex
Select your biological sex.

Female ∨

Age
Select your age group.

25 or Over ∨

Of the following remedial courses, how many are you required to take: Reading Improvement, English Fundamentals, Basic Mathematics, and Introduction to Algebra?
If you do not need to take any of the remedial courses, choose 0.

0 ∨

Is UDC-CC the first college you attended?
If you are a transfer student or have ever attended college other than UDC-CC before, choose No.

No ∨

Are you taking 12 credit hours or more this semester?
Include only courses at UDC-CC.

Yes ∨

Did you receive financial aid?
If you've received or will receive any type of financial aid (e.g. Pell Grant, Work-Study, Student Loan, etc.) in your first semester, choose Yes.

Yes ∨

Did you pass First Year Seminar (with a C or above)?
The First Year Seminar is a unique transition course designed to facilitate students' integration into the learning community of the community college. UDC-CC highly encourages all students to take this course in their first semester.

Yes ∨

Did you pass at least one developmental course (with a C or above)?
If you did not take any developmental courses, choose No.

Yes ∨

Your Estimated Probability of Retention in the Second Semester:　99.05 %

図 12 - 3　Freshman Retention Estimator（UDC 2013）

　より重要な観点として KPI の導出研究がある。KPI とは，Key Performance Indicator のことであり，元々企業経営における主要業績評価指標を意味している。財務指標のような成果指標に対して，KPI は先行指標としての役割を持ち，経営においては，引き合い案件数・顧客訪問回数・解約率などが KPI の例となる。これを大学に置き換えると，IR 担当者は在学者数，就職率，留年率，入試倍率のようなファクトブックに記載される指標，いわば KGI（Key Goal Indicator）ばかりではなく，その先行指標となる KPI を発見し，教育改善担当責任者や部署に提案できなければならない。KPI をどのように発見・作成するかについては，雨森ら（2012）をはじめとしていくつかの先行研究が発表されているが，多くがケーススタディであり，今後はシステマチックな KPI 抽出方法の開発が期待されるところである。

　以上のような状況を勘案すると，今後教学 IR システムが多くの大学で実運用されるようになり，その有用性が高まるにつれて，より大きな研究分野や実践となって発展・展開していくと予測できる。その際克服すべき課題はいくつかあるが，主要なものとして，以下の3点が指摘できる。

　第一に，各教育機関のデータに個人情報やプライバシー情報が多く含まれるうえ，経営判断に関する情報を開示することは困難であるため，知見の多くを研究成果として公にできない可能性である。このような場合，組織内のノウハウのみが蓄積し，理論化や研究分野としての発展がみられないおそれがある。

　このように，技術や実践の進捗に制度がついてこない状況を避けるためには，各教育機関において，データ活用ガイドラインや研究成果発表の承認手続きを定める必要がある。さらに，ベンチマークを用いた研究のためには，データ共有を前提とした全国の高等教育機関調査の仕組みも整えられなければならない。

　第二に，教学 IR が一種のブームになってしまい，教育戦略・戦術の立案・実行と教学 IR との関係性が調整されないまま担当部署や担当者が置かれ，見切り発車的にシステム開発がスタートしてしまっている状態である。戦略がないにもかかわらずデータが一元的に管理され，分析・報告が求められると，最悪の場合，IR オフィスに分析依頼をする立場の者の思いつきや思い込みを補強する役割しか果たせないことになり，開発されるシステムも従来の分析の効

率化のみを追究することになりかねない。IR を設置する者も IR 担当者も，IR によって何をしようとしているのかを常に自問すべきである。

　三番目に，システムの開発整備が進み，様々な機能が実装され，さらに分析結果の利用者が広がるにつれて，適切な「解釈」まで提供する必要が生じる点を指摘したい。たとえば，予測システムを使って，あるグループに属する学生の留年率が50％，モデルの的中率が70％と示されたとして，指導教員や学生自身はその結果をどのように捉えてどのように活動すればいいのかという問題は，実践として難しい課題をはらんでいるといえる。

　日本の IR はまだ初期の段階にあり，発展の可能性を残している一方で，教育工学の IR に対する貢献，あるいは教育工学への IR の貢献について未知数な部分が多い。システムを用いたソリューションの提供や，学際的手法を駆使したデータ分析，理論と実践の相補性などに価値を置いてきた教育工学が，教学 IR に何をもたらし，また，教学 IR 研究からどのような知見を得るのか，模索と検証はこれから本格化することになる。

参考文献

雨森聡・松田岳士・森朋子（2012）「教学 IR の一方略——島根大学の事例を用いて」『京都大学高等教育研究』18：1-10.

Astin A. W. (1997) *What Matters in College : Four Critical Years Revisited*, Jossey-Bass.

中鉢直宏（2014）「島根大学における IR データ分析における課題——「大学データに潜む断層と亀裂」についての一考察」『第3回大学情報・機関調査研究会論文集』：48-53.

中央教育審議会（2008）『学士課程教育の構築に向けて（答申）』http://www.mext.go.jp/component/b_menu/shingi/toushin/__icsFiles/afieldfile/2008/12/26/1217067_001.pdf（参照日2019年6月3日）

大学 IR コンソーシアム（2013）『IR システム（IRiS）の活用』http://www.irnw.jp/irsystem.html（参照日2015年8月11日）

独立行政法人 大学改革支援・学位授与機構（2015）『大学ポートレート』http://portraits.niad.ac.jp/（参照日2020年4月7日）

独立行政法人 大学改革支援・学位授与機構（2016）『高等教育に関する質保証関係用語集（第4版）』大学改革支援・学位授与機構.

関東地区 IR 研究会（2017）『大学 IR スタンダード指標集——教育質保証から財務まで』玉川大学出版部.

九州大学 大学評価情報室（2015）『ファクトブック Q-Fact』http://www.ir.kyushu-u.ac.jp/?page_id=205（参照日2015年8月13日）

松田岳士・渡辺雄貴（2017）「教学 IR，ラーニング・アナリティクス，教学 IR」『日本教育工学会論文誌』41（3）：199-208.

松田岳士（2014）「教学 IR の役割と実践事例——エビデンスベースの教育質保証をめざして」『教育システム情報学会誌』31（1）：19-27.

文部科学省（2015）『平成27年度私立大学等教育研究活性化設備整備費補助金取扱要領』
　　　http://www.mext.go.jp/component/a_menu/education/detail/__icsFiles/afieldfile/2015/05/29/1323781_01.pdf（参照日2015年 8 月11日）

文部科学省（2014）『大学における教育内容等の改革状況について（平成24年度）』
　　　http://www.mext.go.jp/a_menu/koutou/daigaku/04052801/__icsFiles/afieldfile/2015/03/26/1353488_1.pdf（参照日2015年 8 月10日）

National Association of Student Personnel Administrators, the Association for Institutional Research, and EDUCAUSE（2018）*Institutions' Use of Data and Analytics for Student Success*, NASPA, AiR, and EDUCAUSE

日本インスティテューショナル・リサーチ協会（2019）『日本 IR 協会とは』
　　　https://jairweb.jp/%e6%97%a5%e6%9c%acir%e5%8d%94%e4%bc%9a%e3%81%a8%e3%81%af/（参照日2020年 7 月16日）

沖清豪（2011）「日本におけるインスティテューショナル・リサーチの可能性と課題——実践例からの示唆」『データによる大学教育の自己改善——インスティテューショナル・リサーチの過去・現在・展望』学文社.

作田良三（2000）「カレッジ・インパクト研究の方法論に関する一考察」『日本教育社会学会大会発表要旨集録』52：24-25.

田畑忍（2014）「中間アンケートにおける質問項目・質問形式に関する一考察」『論叢　玉川大学教育学部紀要』2013年度：133-146.

高森智嗣（2012）「九州大学における IR に係わる取組」『日本教育工学会第28回全国大会講演論文集』：163-166.

武田俊之（2012）「高等教育アナリティクスのための階層モデル」『研究報告教育学習支援情報システム（CLE）』CLE-8（1）：1-6.

University of the District of Columbia（2013）"How Likely Are You to Return to UDC-CC in the Second Semester?"
　　　http://cc.udc.edu/achieving_the_dream/how_likely_are_you_to_return_to_udc_cc_in_the_second_semester（参照日2015年 8 月15日）

山田礼子（2012）『学士課程教育の質保証へ向けて——学生調査と初年次教育からみえてきたもの』東信堂.

山田礼子（2011）「米国における IR 概念と活動から見る日本型教学 IR の可能性」『大学評価研究』（10）：9-19.

財団法人　大学基準協会（2009）『新大学評価システム　ガイドブック——平成23年度以降の大学評価システムの概要』
　　　http://www.juaa.or.jp/images/accreditation/pdf/explanation/university/2009_10/documents_01.pdf（参照日2015年 8 月11日）

第13章

MOOC

重田勝介

13.1 MOOC とは

MOOC とは Massively Open Online Course の略で,「大規模公開オンライン講座」と訳される。MOOC はインターネット上でオンライン講座を開設し,受講者を広く集め講義を行う取り組みで,2010年頃を境にインターネット上の学習環境として注目を集めるようになった。

MOOC の発端は,2008年に大学教員のグループが個人で開講したオンライン講座「The Connectivism and Connective Knowledge course」が開かれたことである (The MOOC Guide 2008)。この MOOC は別名 "cMOOC" とも呼ばれ,教員と受講者がフラットな関係性の中で協同して知識を構築し,ブログ等で互いの考えを交流しながら学んだ。これに対し,先に述べたような大学レベルの教育を大規模にオンラインで実施する講座は "xMOOC" とも呼ばれる。xMOOC は,インターネット上でオンライン講座を開講し,大学やプロバイダがオープンな教育サービスを提供する取り組みである。2019年度末現在,世界の900以上の大学が1万3,000を超える MOOC を開講しており,世界の受講者は1.1億人を超えている (Class Central 2020)。現在開講されている MOOC は,大学から提供された教材を MOOC として公開する「プロバイダ」によるものと,大学自らが協同して MOOC を開講する「コンソーシアム」によるものに大別される。

13.1.1 プロバイダによる MOOC

MOOC プロバイダの代表例がコーセラ (Coursera http://courser.org/) とユダ

シティ（Udacity http://udacity.com/）である。コーセラは大学や企業などの講義を MOOC として公開する教育ベンチャー企業である。2019年末時点で，3,800を超えるオンライン講座を公開しており，現時点で受講者は4,500万人を超えている。また学習コースは多言語で提供されており，日本からは東京大学が参加している。

　コーセラは MOOC を開講する大学と契約を交わし，提供された教育コンテンツを MOOC として公開する。すなわち，コーセラは大学に成り代わりオンライン講座を公開するプロバイダとしての役割を担う。コーセラは2012年にスタンフォード大学の教員であるダフニー・コラーとアンドリュー・ングによって設立された。コーセラ設立のきっかけとなったのは，ング教授が2011年にスタンフォード大学教員として開講したオンライン講座「Machine Learning」であった。この講座は10万人を超える受講者を集め，この出来事をきっかけとして両教授はコーセラを設立した（Barseghian 2015）。

　コーセラと類似した MOOC プロバイダがユダシティである。ユダシティはコーセラのように大学単位ではなく，教員が個人で参加して MOOC を開講する。ユダシティでは人工知能によるロボットカーの制作のような，通常の大学では開かれないような特殊性の高い講座も開講されている。ユダシティもコーセラと同じく2012年にスタンフォード大学の教員であるセバスチャン・スラン教授らによって設立された。ユダシティ設立のきっかけとなったのは，スラン教授が2011年にスタンフォード大学教員として開講したオンライン講座「Artificial Intelligence」であった。この講座には16万人を超える受講者が集まり，これがユダシティ設立のきっかけとなった。ユダシティもコーセラと同じくベンチャーキャピタルからの出資を受けている。

　コーセラとユダシティ以外の MOOC プロバイダとして，米国のノボエド（https://novoed.com）やユデミー（https://novoed.com），ドイツのアイバーシティ（https://iversity.org）などがある。

13.1.2　コンソーシアムによる MOOC

　コンソーシアムによる MOOC の代表例がエデックス（edX http://edx.org/）

とフューチャーラーン（FutureLearn http://futurelearn.com/）である。エデック
スは米国を中心とした大学連合がオンライン講座を MOOC として公開するコ
ンソーシアムである。2018年度末時点で，世界70の大学や組織が2,200を超え
る MOOC を公開しており，受講者は1,800万人を超えている。日本からは京
都大学，東京大学，大阪大学，東京工業大学，早稲田大学，北海道大学が
MOOC を開講している。

　エデックスは2012年にマサチューセッツ工科大学とハーバード大学が共同で
6,000万ドルを出資し共同設立した。エデックスの加盟校は MOOC を開講す
るプラットフォームを共同開発し，その一部を Open edX という名称でオー
プンソースとして公開している。

　フューチャーラーンはエデックスと同様に，オンライン講座を MOOC とし
て公開する英国オープンユニバーシティが所有する企業である。2018年末時点
で，1,000を超える MOOC を開講しており，受講者は800万人を超えている。
日本からは慶應義塾大学が参加している。

　エデックスとフューチャーラーン以外の MOOC コンソーシアムとして，フ
ランスのファン（https://www.france-universite-numerique-mooc.fr），中国のシュ
エタンエックス（https://www.xuetangx.com）などがある。

13.1.3　日本における MOOC

　日本においても日本語による MOOC が開講されている。2013年に
「JMOOC」（日本オープンオンライン教育推進協議会）が設立され，産学連携
のもと MOOC の利用普及を図る協議会が設立された。現在，JMOOC の元で
株式会社 NTT ドコモとドコモ gacco 株式会社が運営する gacco，株式会社
ネットラーニングが運営する Open Learning，富士通株式会社が運営する
Fisdom などが開設されている。2019年5月末時点で，日本の大学や企業が
430を超える MOOC を開講しており，登録受講者は82万人，のべ受講者は
122万人を超えている（JMOOC 2020）。

13.2　MOOC の特徴

　MOOC にはいくつかの特徴がある。一つは受講が基本的に無料だということである。MOOC はインターネットブラウザ上で，講義ビデオや講義のシラバス，講義に用いられる配布資料，クイズ，シミュレーション教材を受講者に提供する。受講は無料である。講義回ごとに教材を配列した学習コースが設けられ，受講者は学習コースに提示された手順に従って学習する。講義はあらかじめ示されたスケジュールに従い講師により運営される。受講者にはテストへの回答やレポートの提出が課され，レポートを提出し，また課目によっては受講者同士でレポートの相互評価（ピアレビュー）も行う。講義期間は数週間から数ヶ月程度にわたる。

　二つ目の特徴は，認定証が交付されることである。学習コースをすべて受講し，講師から到達目標に達したと評価された受講者には，受講完了を示す「認定証」が与えられる。認定証は講師や講師の所属する大学，プロバイダ等から与えられる。この認定証は大学の単位ではない。

　三つ目は，受講者の自主的な受講である。MOOC を受講するにはウェブサイト上で受講登録をすればよく，入学資格も必要ないため，インターネットに接続する環境さえあれば誰でも受講できる。また学習コースを最後まで受講する義務もないため，途中離脱することも容易である。そのため受講の完了率は低く，概ね 1 割程度である（Jordan 2019）。

　四つ目は，学習コミュニティへの参加である。MOOC の受講者は学習コースに従い自学自習をするだけでなく，全世界に広がる学習コミュニティに参加し相互に学び合う。オンライン講座の各コースには電子掲示板が設けられ，講師や TA（ティーチング・アシスタント）との質疑応答や，受講者同士のコミュニケーションに使われる。このような受講者同士のつながりはオンラインに限らず，オフラインで受講者が出会う「ミートアップ」というイベントが世界各国で行われている。

　五つ目は「リアルな」教育との接続である。MOOC は大学教育と密接な関

わりをもつ。MOOC は大学教育を入学者以外にもバーチャルに体験できる学習環境を提供できるため，高等教育の機会拡大に貢献するだけでなく，大学教育のショーケースとして魅力を世間に訴えることもできる。米国ペンシルバニア大学では，留学生向けの MOOC を開講し留学生を増加させた（InsideHigherEd 2014）。

　また，MOOC は大学教育の中で教材としても活用されている。米国アリゾナ州立大学ではエデックスで開講する MOOC を使った初年次教育を実施し（edX 2019），イリノイ州立大学ではコーセラで開講する MOOC を使った MBA コースを開設している（Coursera 2015）。さらに，MOOC プロバイダやコンソーシアムで特定の学術または専門領域について統合的に学べる教育プログラムも提供されている。コーセラは Specialization，エデックスは XSeries という特定の専門領域をまとめて学ぶことのできるコース群を用意し，有償の認定証を与えることで，収益を上げている。また，MOOC プロバイダと企業が共に専門職人材を育成し，優秀な受講者を企業へ斡旋するような，人材育成と人材獲得を同時に実現する取り組みもある。コーセラは Cisco と協同して専門職教育を MOOC で行っている（Coursera 2019）。

13.3　オープンエデュケーションと MOOC

　MOOC の取り組みの基礎となる活動として，ここ10年来普及してきた「オープンエデュケーション」がある。オープンエデュケーションとは，教育をオープンにし，学習機会を促進する活動である。オープンエデュケーションに関わる活動は，教育に用いるツールやビデオ講義など教材の共有，開かれた学習グループの運営や学習を評価するツールの共同利用などが含まれる。オープンエデュケーションが対象とする教育分野や対象も幅広い。学校や大学の正規授業だけでなく，仕事，家庭生活，余暇に関連した日常の活動の結果としての学習であるインフォーマル学習もオープンエデュケーションの実践対象となる。

　近年，オープンエデュケーションは社会から幅広い支持を集めている。オー

プンエデュケーションは，大学などの高等教育機関が，大学で生み出した「知」を大学の外へ公開する活動を指すことが多い。しかし，オープンエデュケーションは大学自らによってだけでなく，社会貢献を目的とした慈善寄付団体や，教育機会の拡大や教育の質向上を狙う行政が大学や非営利組織を支援することによっても推進されている。オープンエデュケーションの活動は，インターネット上での教材公開や教育用ウェブサイト公開，学習コミュニティ運営まで多岐にわたる。

13.3.1　OER（オープン教材）の制作

　オープンエデュケーションの活動の一つに，教材の無償公開がある。一般に学習者は学ぶにあたって，金銭など対価を払って教科書や教材を購入する必要がある。しかしインターネット上に無料の教材や教科書が存在すれば，教材にかかる費用については無料で学ぶことができる。こうした無料の教材を制作し公開することが，オープンエデュケーションの活動の特徴の一つである。このようなインターネット上に無料で公開される教材の代表例が，オープン教材（OER：Open Education Resources）である。OER はインターネット上で公開されるあらゆる教育用素材を含む概念である。文書や画像，動画や電子教科書など様々な形態がある。インターネット上で公開共有される教科書は Open Textbook（オープン教科書）と呼ばれる。

　OER の制作者は，学校や大学などの教育機関に限らない。何らかの専門性を持った個人や団体が，教育目的のためにインターネット上に公開する教材は，全てオープン教材として扱われる。先に述べた通り，OER の幅広い利用を促すためには，教材の利用者が教える相手や教育目的に応じて教材を再編集し作り替えることができることが望ましい。このような OER の「再利用」が進められることが，インターネット上により多様で質の高い教材を生み出すことにつながる。OER の多くには権利処理情報と再利用の可否が表示され，クリエイティブ・コモンズ・ライセンスのような二次利用の制限を示すライセンス表示が付与されている。

13.3.2　OER（オープン教材）の公開

　オープンエデュケーションに関わる活動の次の特徴は，オープン教材をインターネット上に公開するウェブサイトを開設することである。すなわち，オープン教材をインターネット上で公開するポータルサイトのような，オープン教材を公開するための統合的な情報環境，いわゆる情報プラットフォームを提供することである。

　インターネット上に多くのオープン教材が公開されたとき，学習者や教育者にとって自らの用途に即した教材見つけることは必ずしも容易でない。そのため，オープン教材をまとめて掲載するウェブサイトを設け，教材の対象分野や想定する学習者の年齢や学年などを明示し，それらの情報をもとにオープン教材を一覧表示し，キーワード等で検索する機能を提供することが，オープン教材の利用者にとっての利便性を高めることとなる。また，関連するオープン教材を包括的に提供することも有用である。たとえば，大学教育の講義で提供する教材をオープン教材として公開する場合，シラバスや講義ノート，配布資料，テストや講義ビデオなどを包括的に提供することで，利用者の利便性が高まる。

　このようなウェブサイトの代表例がオープンコースウエア（OCW）である。オープンコースウェアは，米国マサチューセッツ工科大学が提唱した取り組みで，大学が正規講義のシラバスや教材，講義ビデオを無償公開する取り組みである。オープンコースウェアは無償で公開される。また，オープンコースウェアはインターネット上の遠隔教育や，教育システムに組み込まれるような教育活動ではないため，インターネット上におけるオープン教材の「出版（publication）」行為と定義される。オープンコースウェアを閲覧したり，教材を使って学んだりしても単位や学位は与えられない。

　大学によるオープン教材を公開するウェブサイトは，英国オープンユニバーシティによるオープンラーン（OpenLearn）など数多くある。また，このようなウェブサイトは非営利団体によってもいくつか開設されており，OER コモンズ（OER Commons）やカーン・アカデミー（Khan Academy）などが，初等中等教育または高等教育の教材をウェブサイトで無償公開している。

13.3.3　OER で学ぶコミュニティ

　オープンエデュケーションに関わる活動のもう一つの特徴は，オープン教材を使って学び教え合う学習コミュニティを形成することである。無償で提供されるオープン教材とオープン教材を配布するウェブサイトのみで，学習者が自学自習を続けることは容易ではない。学習者の学習意欲を維持し学習効果を高めるためには，学習目標や動機の近い学習者が集まり，学習コミュニティを形成することが有効である。このような学習コミュニティの中で，学習者は互いに学び合い，時には互いの専門性を生かして教え合いながら学習を進めることができると考えられる。

　このような学習コミュニティの代表例がオープン・スタディ（OpenStudy http://openstudy.com/）である。オープン・スタディは，インターネット上に開設された学習用サイトである。数学や物理，化学など科目ごとに設けられたページ上で，相互に質問を投稿して回答を募ることで，質疑応答やディスカッションをすることができる。オープン・スタディの特徴として，オープンコースウェアを運営する大学と連携し，オープンコースウェアの教材を使って学ぶ学習グループを形成できることが挙げられる。オープンコースウェアの同じ教材で共に学びながら，その教材に関連した質問をし，他の参加者の問いに答えたりすることで，より関心の近い学習者と共に学び，学習効果を高めることが期待される。また，オープン・スタディでは質問に対する回答数などに応じて参加者にポイントが付与され，学習コミュニティへの貢献度が可視化されるようになっている。OpenStudy は，2016年にソーシャルラーニングサービスの Brainly に統合された（Marketwired 2016）。

　学習コミュニティにおける「学び」を認証する仕組みも提案されている。代表的なものが「デジタルバッジ」である。デジタルバッジとは，インターネット上の学習コミュニティなどにおいて，学習者の能力を判定することができる教育機関の運営者などが，学習者がある領域について十分な知識や技能を得たと認め，その内容に応じて学習者にバッジを与え，学習者の知識や技能を認定する仕組みである。

　インターネット上の学習コミュニティで学ぶとき，学習者がオンラインにお

ける学習の達成度や成果をどのように示し，社会の中で認定するかが課題となる。ある分野に関する知識や技能を身につけた際，知識や技能を証明するような裏付けがあれば，知識や技術についての証明が必要な場合に自らの能力を周知させることが可能となる。デジタルバッジは学習者の得た知識や技術を可視化することにつながる。

　デジタルバッジの代表例がモジラ・オープンバッジ（Mozilla Open Badges）である。モジラ・オープンバッジはモジラプロジェクトが提供するデジタルバッジを発行する仕組みである。学習者が習得したスキルをバッジで示し，バッジを与えた教育機関は教育内容についての情報を提供し，学習者が習得した知識や技能をバッジとして学習者の個人ページや，自身の経歴を示すリンクトイン（LinkedIn）のようなサービス上で表示する。このバッジをクリックすると，リンク先でそのバッジの発行者やバッジの発行条件，またその学習者が習得のために行った活動を証明する情報が表示される。モジラ・オープンバッジは，このようなデジタルバッジを誰しも発行できる仕組みやツールを提供している。

　MOOC はこのようなオープンエデュケーションの事例や特徴を踏まえながら，より大学教育に近い教育環境を提供することを目指したオープンな教育サービスだといえる。

13.4　オープンエデュケーションの可能性と課題

　MOOC を含めたオープンエデュケーションの活動は世界的な広がりを見せている。この背景にはオープンエデュケーションが，教育機会の拡大や教育格差の是正に寄与するという理念的な側面と，教材や教育環境をオープンにする活動が，大学などの教育機関にとって有益であるという実利的な側面の，双方を有していることがある。

　理念的な側面として，オープンエデュケーションは社会貢献活動として位置付けられる。十分な教育機会が得られない人々にとっては，オープン教材やインターネット上の学習コミュニティを用いることが教育格差の是正につながる。

多くのオープンエデュケーションの活動は，慈善寄付団体からの支援を受けている。これは，先進国におけるオープンエデュケーションの活動の成果が発展途上国に届けられることにより，発展途上国における教育機会の拡大につながる国際教育協力（内海 2001）として位置づけられるからである。このような観点から，慈善寄付団体がオープンエデュケーションを推進する大学や非営利機関に対し巨額の資金を援助している。また，大学は収益の一部を税金等の公的な収入で賄っていることから，大学の活動成果である知的蓄積を社会に対して還元してゆくことは公共性の観点からふさわしい。このような大学という教育機関の理念に叶うオープンエデュケーションの側面が，大学の参加を後押しする理念的裏付けとなっている。

　一方で，オープンエデュケーションの活動は大学に対して間接的な利益をもたらす実利的側面を持ち合わせている。たとえば，大学がインターネット上に教材や講義ビデオを無料公開することで，大学外の人々が入学せずとも大学の中で行われている教育について知ることができる。オープンコースウェアを公開しているマサチューセッツ工科大学の調査によると，同大学の入学者のうち講義をオープンコースウェアで閲覧したことが大学を選ぶにあたり大きな影響を与えたと答えた学生が27％を占めたとの調査がある（MIT 2011）。さらに，英語でオープンコースウェアを公開することは，英語圏の学生に対しても大学教育の魅力を訴え，留学生を獲得する波及的な効果も期待される。このように，大学によるオープンエデュケーションの活動は，インターネット上に大学教育の「ショーケース」を設け，大学教育の魅力を発信する効果ももつ。

　また，複数の大学がオープン教材やオープン教科書を用いることで，大学教育に用いる教材のコストを削減することも可能である。これらの教材や教科書を用いることで，反転授業のような新しい授業形態を講義に導入しやすくなる。例えば米国の公立大学では，学費の高騰や社会人入学生の増加などの課題を抱えている。これからの大学はより安価に大学教育を多くの人々に提供し，学生がキャンパスの空間に囚われず多様な形で学べる教育環境を整備する必要に迫られている。MOOC のようなオープンに大学教育を実施可能な学習環境は，現代の大学が抱える課題に対する解決手法としても有効であり，このことが

MOOC を含むオープンエデュケーションの普及を後押ししている側面もある。

13.5 MOOC の可能性と課題

オープンエデュケーションの主な目的は教育機会の増進であり，その活動の効果として「教材蓄積」「教育改善」「生涯学習」の3点が期待される。ここでの「教材蓄積」とは，OCW や OER を普及し，それらへのオープンなライセンスの付与によって教育コンテンツの共有と再利用を促し，様々な教育内容や学習者に向けた多様な教材を生み出すことである。「教育改善」とは，オープンな教材を教育現場で活用することで学習者の学びを促進することである。また「生涯学習」とは，オープンな教材を用いてインターネットを介し広く一般に向けた，生涯にわたり続く学びの環境を提供することである。

MOOC の普及により期待される効果は以下3点に整理される。

1) MOOC 制作による教育機会の拡大

MOOC 等のコンテンツは OER の一種であることから，MOOC を質・量ともに制作することはオープンな教材の蓄積に寄与する。様々な教育内容や学習者に向けた多様な教材がインターネット上に無償で公開されることは，高等教育機関のみならず社会の中で用いることができる教材が増え，社会全体における教育機会を拡大することにつながる。

2) MOOC 活用による教育の質向上

様々な教育内容や学習者に向けた多様な MOOC がインターネット上に提供されていれば，それらを予習教材や補助教材として活用し，大学や教員が反転授業（Flipped Classroom）を行う上で必要な教材製作の手間を省き，効果的な授業スタイルを導入することが容易になる。また，MOOC がオンラインで学習環境を提供する性質を活かし，学習者の受講状況を収集し教育改善に役立てるラーニング・アナリティクス（学習分析）を MOOC の活用によって促進し，高等教育における反転授業を含めた，オンライン学習環境と対面教育を組み合わせたブレンド型学習（blended learning）の効果を高めることも期待できる。このように，教育現場に

MOOC を導入し活用することは，教育の質向上に向けた一助となる。

3）MOOC 活用による生涯学習の促進

　コーセラやエデックス，また JMOOC がいま実現していることは，高等教育レベルのコンテンツ公開だけでなく，インターネットを介した広く一般に向けた生涯学習の機会提供である。MOOC を使えば，インターネットに接続する環境さえあれば誰しも MOOC で学び，学習者同士でコミュニケーションをして刺激を受け合いながら学び続けることができる。また多くの MOOC は大学が開講していることから，ある MOOC を受講し，講義の内容に興味をもった学習者が，大学を既に卒業していたとしても再度大学に入学し，大学で学ぶきっかけをもつことも考えられる。MOOC は既存の教育制度の教育と生涯学習の場を学習者が「往復」する架け橋の役割をもちうる。その意味で，MOOC はこれからの情報化社会において必須と考えられる「開放制教育」⁽¹⁾の考え方に基づいた生涯学習を実現する一手法にもなる。

　MOOC の持続的な利用には課題も散見される。MOOC は一時期の過度な注目を集めた時期を経て，社会の注目度は下がりつつある（The Chronicle of Higher Education 2015）。MOOC が大学教育を破壊するのではないかとの議論も収束しつつあり，むしろ既存の教育システムと接続しながら，教育現場における学習効果の向上につなげてゆくことへの認識が高まりつつある。インターネットが社会におけるあたりまえのインフラとなっている現代社会において，MOOC のようなオンライン教育の重要性は高まるであろう。一過性のブームに踊らされるのではなく，教育関係者が冷静にオンライン教育の可能性と限界を見極め，MOOC を意義ある形で活用してゆくことが，今後ますます求められる。

注
(1)　教育学者である慶應義塾大学名誉教授・村井実氏によって提唱された教育の仕組みのこと。開放制教育の体制（開放制体制）の特徴について同氏は以下のように整理している。
　　1）すべての人々の生活の中に教育の機会がある　2）学校で学習を欲する人は自由にそこ

へ行くことができる　3）人々の生活の中での学習と学校での学習との間には，自由な交流と交換の可能性がある　4）人々は，生涯にわたって自由な学習の機会を持ち，社会の活動力はそれだけ十分に発揮される（村井実『教育の再興』講談社，1974年）

参考文献

Barseghian. (2015). MindShift. "Lessons and Legacies from Stanford's Free Online Classes" :
　http://blogs.kqed.org/mindshift/2012/01/legacy-and-lessons-from-stanfords-free-online-classes/（2019年12月参照）

Class Central. (2020). By the Numbers : MOOCs in 2019.
　https://www.classcentral.com/report/mooc-stats-2019/（2019年12月参照）

Coursera. (2015). Daphne Koller : Announcing the first MBA on Coursera from the University of Illinois.
　https://blog.coursera.org/post/118152158892/daphne-koller-announcing-the-first-mba-on（2019年12月参照）

Coursera. (2019). Global Skills Index.
　https://www.coursera.org/gsi（2019年12月参照）

edX. (2019). Global Freshman Academy.
　https://www.edx.org/gfa（2019年12月参照）

Inside Higher Ed. (2014). Can MOOCs lure international students to U.S. colleges and universities ?
　https://www.insidehighered.com/news/2014/06/25/can-moocs-lure-international-students-us-colleges-and-universities（2019年12月参照）

JMOOC（2020）第9回オンライン授業に関する JMOOC ワークショップ『成績評価と学習データの活用』講演資料.
　http://www.imooc.jp/workshop2020-9/（2020年7月参照）

Jordan Katy. (2019). MOOC Completion Rates : The Data.
　http://www.katyjordan.com/MOOCproject.html（2019年12月参照）

Marketwired. (2016). Social Learning Platform OpenStudy Joins the Brainly Community.
　https://finance.yahoo.com/news/social-learning-platform-openstudy-joins-130000652.html（2019年12月参照）

MIT. (2011). Program Evaluation Findings Summary.
　http://ocw.mit.edu/about/site-statistics/11_Eval_Summary_112311_MITOCW.pdf（2019年12月）

The Chronicle of Higher Education. (2015). The MOOC Hype Fades, in 3 Charts-Wired Campus-Blogs.
　http://chronicle.com/blogs/wiredcampus/the-mooc-fades-in-3-charts/55701? cid = at&utm_source=at&utm_medium=en（2019年12月参照）

The MOOC Guide (2008) CCK08-The Distributed Course.

https://sites.google.com/site/themoocguide/3-cck08---the-distributed-course（2019年12月参照）

内海成治（2001）『国際教育協力論』世界思想社.

第14章

ラーニング・コモンズ

岩﨑千晶

14.1 教育工学における学習環境

　本章は大学における学習環境としてラーニング・コモンズを取り上げ，その現状について述べるとともに，ラーニング・コモンズを対象とした研究に対するレビューを行う。その結果を基に，ラーニング・コモンズに関する研究分野に対し，今後，研究者や教育者が取り組んでいくべき課題や解決策について展望を述べる。

　ラーニング・コモンズに関して論じる前に，まずはその前提となっている「大学における学習環境」を取り上げる。教育工学が対象とする研究分野には学習環境デザイン研究があり，美馬 (2012) は学習環境のデザインについて「目的，対象，要因，学習に至るまでの過程等を意識した活動であり，そこに関わる人々の活動を物理的環境も含めて組織化し，実践しながら，振り返り，位置づけ，修正していくという構成的で，循環的な，環境に開いた学習環境を創造する行為である」(美馬 2012 : 68) と定義している。

　また山内 (2010) は，学習環境の要素として，空間，活動，共同体，人工物を挙げている。「空間」は教室や図書館等，物理的に学習活動を保障する要因，「活動」は授業や研修会といった学びの生成に直接的に関連するきっかけを指している。「共同体」はプロジェクト学習のメンバーやゼミのメンバー等，ある目的を達成するために集まった人々のことを，「人工物」は書籍や教材等で，空間，活動，共同体を有機的に関連させる役割をもつと指摘している。いずれの提言も，学習環境はそこで生起する活動，活動に関わる人，活動を支える道具や物理的環境といった要素が複合的に含まれており，これらの要素を扱って

いくことが学習環境のデザインにつながるといえる。

　以上のことから，本章では「大学における学習環境」としてのラーニング・コモンズを空間的な要素だけではなく人的な要素や活動内容も含めて議論する。なお，ラーニング・コモンズは当初北米の図書館を中心に設立され，図書館内施設として一般的には認識されているものの，日本の大学では図書館とは別の学舎に設置されている事例も見受けられる。そこで本章では，図書館に限らず，学舎，教室においてもラーニング・コモンズの機能をもつ取り組みや研究を対象とする。また，ラーニング・コモンズという名称以外に，大学によりアカデミックコモンズ，ラーニングスペース等の様々な施設名称がつけられている現状があるが，本章では施設名にこだわらず，ラーニング・コモンズの機能を持つ施設をラーニング・コモンズとして捉える。

14.2　ラーニング・コモンズとは

14.2.1　ラーニング・コモンズの定義と現状

　2000年代中盤あたりから，日本の大学は図書館を中心にラーニング・コモンズを整備し始めた。文部科学省（2014）の調査「大学における教育内容等の改革状況について」によると，平成23年度には257大学（34％）が，平成24年度では321大学（42％）がラーニング・コモンズを整備し，その数が増加していることがわかる。

　山内（2011）はMcMullen（2008）の定義を用いて，ラーニング・コモンズは，「利用者に対して図書館が持つ機能，情報技術，学習支援を機能的，空間的に統合したもの」としている。先述の通り，日本では図書館を中心にラーニング・コモンズが展開されているが，大学の規模や学生のニーズに合わせて学舎や教室にラーニング・コモンズの機能をもたせているケースがある。そのため，図書館や学舎等に設けられる，利用者の目的や学習方法に応じ，様々なタイプの空間やIT機器，人的支援等が提供される，利用者が能動的に学ぶことを促す学習環境（場）といった定義もある（岩﨑ほか 2019）。

　実際多くのラーニング・コモンズでは，学習者が活動の目的に応じて可動式

図14-1　関西大学ラーニング・コモンズ

図14-2　関西大学ラーニング・コモンズ（ライティングエリア）

の机を自由に組み合わせ，学習活動に取り組むことができる（図14-1参照）。また学習者がホワイトボードやPCを活用し，グループで話し合った意見を記録・整理したり，その成果を表現したりしやすくしている。ラーニング・コモンズでは学習者がこうしたツールを自由に使えるようにし，グループで議論をすすめやすい環境を整備することで，思考を可視化し，知の再構成や創造を促そうとしている。

　こうした物理的な環境に加えて，学習者が自律的に学ぶことを支えるための学習支援も実施されている。たとえば，関西大学図書館のラーニング・コモンズでは，学習者がレポートや卒業論文を執筆する際，ライティングの相談に応じる学習支援を提供するライティングエリアを設けている（図14-2参照）。また，関西学院大学のアカデミックコモンズは，物理，情報，化学等の専門にかかわる学習相談に応じる学習支援を展開している。いずれの施設においても大学院生がスタッフとして，学習者が主体的に学んでいくための支援を提供している。また図書サービス以外の内容を扱っている点は，従来の図書館とは異なる特長の一つだといえる。

14.2.2　ラーニング・コモンズ導入の背景

　ラーニング・コモンズ導入の背景には，まず社会の変容，ティーチングからラーニングへのパラダイムシフト等が影響している。知識，情報，技術が社会の基盤となる「知識基盤社会」や少子高齢化，震災といった今後到来する「リスク社会」で活躍する人材には，複雑な社会状況から課題を見出し，答えのない問題に取り組むことができる21世紀型スキルやキーコンピテンシーに代表されるような「新しい能力」を育む必要がある。そのためには，教員が持つ知識を学習者に伝える知識伝達主義の考え方ではなく，学習者が中心となり知を構成したり，創造したりする知識構成主義の考え方による学習を行っていくことの必要性が認識され始め，アクティブラーニングが推進されていった。アクティブラーニングは授業内だけでとどまるものではないため，学習者らが授業外においても学びを育むことができる環境としてラーニング・コモンズが導入され始めた。

　加えて，高等教育における教育の質保証が求められていることも関係する。文部科学省（2012）は，学習者が何を学び，その成果としてどういった力を育むことができるのかを学習目標として設定し，その保証を求めている。教育の質を保証するために，授業外に学習者に学習支援を提供することの必要性が認識され始め，ラーニング・コモンズの設置やそこでの学習支援が実施されている。

　さらにラーニング・コモンズ導入の背景には，北米からの影響も受けている
といえよう。北米では1990年代ごろから電子ジャーナルやデータベース等の書
籍に代わる学術情報資源が普及していくと，図書館において学術情報の電子化
に対応できる機能が求められるようになってきた。そこで図書館はハイスペッ
クな PC や印刷機器を配置し，電子情報を活用できる機能をもたせた空間とし
てインフォメーション・コモンズを整備した。インフォメーション・コモンズ
は，物理的な環境，デジタルツール，人的資源，社会資源を提供し，学習者が
レポートを書いたり，研究をすすめたりする際に必要な支援をしている（Bea-
gle 2006）。そして，1990年代半ばころからインフォメーション・コモンズの機
能をさらに拡張させる形で，ラーニング・コモンズへと発展していった（溝上
2015）。当時日本には，インフォメーション・コモンズの機能をもった図書館
はほとんど存在しなかったが（国立大学図書館協会 2015），2000年以降からラー
ニング・コモンズの機能をもった施設を設置する先駆的な大学が出現してきた。
本格的に導入されるようになったのは先述した2012年に提示された中央教育審
議会による答申の後あたりになるといえる。

14.3　ラーニング・コモンズに関する調査・研究知見

　本節では① ラーニング・コモンズの空間デザイン，② ラーニング・コモン
ズの利用動向や効果に関する研究，③ アクティブラーニング用の空間におけ
る授業実践の類型，④ ラーニング・コモンズにおける学習支援に関する研究
を取り上げ，ラーニング・コモンズに関してどのような調査・研究知見が蓄積
されているのかを概観する。

14.3.1　ラーニング・コモンズの空間デザイン
　Bennet（2012）は，ラーニング・コモンズをデザインする際に考えるべきこ
とは，その施設でどのような力を持った学生を育成したいのかという学びの特
性を検討する必要があると主張している。授業設計においても到達目標を考え
た上で，それを達成するための教育方法を選んでいくが，ラーニング・コモン

ズの検討においても同様のことがいえる。Bennet は学習スペースを構築する際に，繰り返し検討するべき事柄として，以下の 6 つの質問を掲げている。「質問 1：ネット等の仮想的な空間ではなく，従来型の物理的な空間で生起するであろう学習とはなにか。質問 2：学習者が学習に費やす時間を増やし，学習の生産性の向上させるためには，空間をどのようにデザインするのか。質問 3：空間の設計は単独学習から協同学習までのどの領域に焦点を当てるべきか。質問 4：それぞれの立場の人々からの知識の権限に関する要求を空間のデザインによってどのように扱うのか。質問 5：空間は教室外での学習者と教員の交流を推進するように設計すべきか。質問 6：空間で教育経験の質を高めるにはどうするか。」(Bennet 2012，筆者により一部修正) である。コモンズのデザインをする際にはどのようなエリアを作るかや，什器を導入することから考えるのではなく，どういった能力を持った学習者を育てたいのかという目標を設定し，そうした能力を育むためのエリアのデザインや，什器，ICT 機器の選定をしていくことが必要になるといえよう。

　田中 (2000) は，学習環境には学習制御の機能を付与すべきであるとしている。この学習制御には直接制御と間接制御がある。直接制御は，教員からの指示が学習者に直接伝わるような学習制御のあり方である。たとえば，初年次教育で出された授業課題に沿った学習活動の手順，必要な資料，教材を構造化し，ラーニング・コモンズにおいて提供することをいう。学習者による主体的な探求よりもむしろ，教員の指示に適応するものを提供するという考え方である。

　一方，間接制御の場合は，教員から学習者に対する指示が間接的になっており，学習者が主体的に学ぶことができるような支援をする立場で学習を制御する。たとえば，ラーニング・コモンズにおいて「レポートの作成」といったテーマを設定し，それに関連する書籍や電子情報を提供する等して，学習者が自律的に学ぶことができるようにする。いずれの学習制御が適切なのかは，学習者に対してどういった力を養うのが望ましいのかを検討しながら学習環境のデザインに活かしていく必要があるといえよう。

　また研究図書館協会 (Association of Research Libraries) では，効果的な学習環境をデザインし，継続的にラーニング・コモンズを運用していくためのツー

ルキットを用意している。具体的には，学習空間を整備するまでの計画，学習
者のニーズを検討する方法，学習空間の種類，学習支援サービスの内容等に関
する情報を提供している。学習者のニーズに対する調査方法に関しては，観察
調査，インタビュー調査，フォーカスグループインタビュー等の調査があるこ
とを提示し，学習者への質問項目例を挙げている。また，学習空間に関する論
文を検索できるデータベースを提供しており，参考になるだろう。

　加えて国立大学図書館協会（2015）は，ラーニング・コモンズのあり方に関
するチェックリストを開発し，ラーニング・コモンズを設置するにあたって求
められる要素として，「(1)組織及び運営，点検評価」「(2)物理的リソース（フ
ロアデザイン）」「(3)物理的リソース（電算資源，什器等）」「(4)アカデミック
リソース（電子資源，コンテンツ）」「(5)人的リソース（学生，教員，職員）」
を提示し，大学がラーニング・コモンズの役割やデザインを整理，検討しやす
いようにしている。このように，質の高いラーニング・コモンズを構築するた
めの取り組みは進みつつある。

14.3.2　ラーニング・コモンズの利用動向や効果に関する研究

　ラーニング・コモンズの利用調査には，施設の利用動向を把握する調査，施
設の利用が学習に及ぼす影響に関する調査等がある。調査の結果からラーニン
グ・コモンズの利用実態を明らかにすることで，その役割や効果を実証する，
あるいは調査結果をもとにラーニング・コモンズを見直し，エリア分け，新た
な什器の導入，学習支援内容を再検討するといったリデザインに活かす目的が
ある。三根（2012）はラーニング・コモンズを対象に，また立石（2012）は
ラーニング・コモンズの機能をもつ大学図書館全体を対象とし，学生が各施設
をどう利用しているのかを調査している。いずれの調査も観察調査法を用いて，
ある一定の期間内に30分あるいは1時間の間隔で利用者が施設内のどのエリア
で，どのようなツールを用いて，誰と何をしているのかについて調べている。

　調査の結果，三根（2012）は個人利用よりもグループ利用が多いこと，なら
びにPCステーションやグループ学習エリア等があるが，エリアに応じた使い
分けが学習者によって実施されていることを述べている。また立石（2012）も

個人で学習する学生，グループでの対話をしながら学習する学生，グループで静かに学習する学生，PC を活用する学生の4つの利用形態があることを示すとともに，図書館の資料や学生が持ち込んだ資料を基に学習をする場，PC を利用する場，人との待ち合わせ等の行動をする場として図書館が多様に利用されていることが述べられている。

　ただし，これらの利用調査に関しては，観察調査法であるために調査の限界があるといえよう。たとえば本節で取り上げた調査では，PC でレポートを作成している，本を読んでいるといった行動に対して「学習している」とみなしている。また席を空けずに座っている学生に対して「グループで学んでいる」と定義している。実際に学習者がどういった活動をしているのかに関しては，観察調査に加えて学習者へのヒアリングや質問紙調査を実施し，目的に適した量的・質的な調査を組み合わせていくことも必要になるだろう。

　施設の利用が学習に及ぼす影響に関して，山田ら（2011）は図書館に設置されたラーニング・コモンズを利用する学習者（92名）を対象に質問紙調査を行い，施設利用と学習成果との関連を調べる事前段階の調査として，ラーニング・コモンズが学習の情意面にどう影響しているのかを分析している。調査項目は，「可動式の机は学修するのに役立つ」等施設のデザインに関する項目，「図書館内の資料，書籍等の文献を学習に利用しやすい」という図書館で学習することの効果，並びに「オープンスタジオで（ラーニング・コモンズ）の学習は授業の課題や授業内容の理解に役立っている」「総じてオープンスタジオの利用において満足している」といった施設の利用に対する満足度や効果に関する項目等が設定されている。

　調査の結果，可動性の高い什器，ホワイトボードの有効性，文献利用がしやすい点が，学習者の情意面に影響を与えることが示されている。項目間ごとの相関分析による結果では，可動式の什器を配置することで，図書館内の資料を学習に利用しやすいこと，ラーニング・コモンズがあるから図書館へ訪問するようになったこと，ラーニング・コモンズでの学習が授業課題や授業内容の理解に役立っていることについて，弱から中程度の優位な，正の相関が示されていた。山田の研究は，ラーニング・コモンズにおいて可動性の高い什器や図書

の利用が学習者のやりとりを支える際に有用であることを提示している。このように、ラーニング・コモンズが増えるにつれて、施設がどう活用されているのかという評価に関する調査研究が実施されるようになっていった。

岩﨑ら（2018）は、ラーニング・コモンズがどう評価されているのかに着目して文献調査を行い、評価目的、評価手法、評価項目を主軸に、その動向を整理している。調査の結果、ラーニング・コモンズの評価は大きく次の6つに分けられている。①ラーニング・コモンズの全体的な利用動向や効果と課題を把握し、ラーニング・コモンズの機能を明らかにすることを目的とした調査、②学習者をタイプ別にみて、ラーニング・コモンズの利用やニーズの差異を明らかにすることを目的とした調査、③ラーニング・コモンズの利用と学習成果の関連性を明示することを目的とした調査、④設計の視点からより快適に学べるエリアの選定を目的とした調査、⑤その他、特定の指標を明らかにすることを目的とした調査、⑥複数の大学に対してラーニング・コモンズの動向を探り、今後の学習環境の改善を提案することを目的とした調査である。調査目的では、①ラーニング・コモンズの利用動向を明らかにする調査が最も多く約半数を占めていた。一方で学習成果を明らかにする調査数は少なく、評価項目には汎用的な能力が用いられていた。また、評価手法は質問紙調査が最も多く全体の約70％を占め、次いで観察調査・ヒアリング調査の採用がされていることが明らかになっている。

今後は質保証の観点からも、ラーニング・コモンズで学んだ学習者の効果が問われることが想定されるため、成績、学習時間等の情報を取得できる IR（Institutional Research）を取り入れる等して、学習成果との関連性を問う調査を検討する必要があるだろう。

14.3.3　アクティブラーニング用の空間における授業実践の類型

アクティブラーニング用の空間における授業実践の類型に関する林（2010）の研究も教員がラーニング・コモンズをどう活用するのかを検討する上で参考になる。林（2010）は、可動式の什器やタブレット PC 等の ICT を配置したアクティブラーニング用の教室において、どのような授業が展開されているの

かを類型化している。この調査はアクティブラーニング用の教室を利用している授業の様子を参与観察し，ビデオとカメラで撮影した記録，教員への半構造化インタビューをもとにした分析を行っている。

　調査の結果，授業の展開は「講義＋ディスカッション型」「タブレット PC 活用型」「プレゼンテーション型」「実習型」の4つに分類された。「講義＋ディスカッション型」では，講義の時は机を前向きに並べた状態で行われるが，取り上げられた内容に関してディスカッションをする際には机をコの字型に並べかえ，学習活動の形態に応じて什器の組み合わせが行われていた。また，「タブレット PC 活用型」では，タブレット PC を活用して，レポート執筆を行い，そのピアレビューを実施する等，学習者個人の作業と学習者同士の共同作業が行われていることが特徴として提示されていた。この際，4，5名のグループがそれぞれ1つの島を作るように机を配置して利用がなされていることが示された。本調査からは，教員が目的に応じて多様な教室利用をしていることが明らかになり，なおかつ，目的に応じて効果的に空間を利用することが重要であることを提示されている。

14.3.4　ラーニング・コモンズにおける学習支援に関する研究

　学習支援では学生を自律的な学習者に育てることを目指しているため，学生自身が学習の目標を設定すること，支援者がその達成に必要な情報，方略，学習資源を提供することを重視している（Rings & Sheets 1991）。

　日本のラーニング・コモンズでは，日本語ライティング，外国語ライティングや英会話，数学や物理等のリメディアル科目，履修相談や学習相談等に関する学習支援が提供されている。とりわけ，日本語運用能力を高めるためのライティングに関しては，ライティングセンターやライティング・ヘルプデスクといった名称で先駆的な大学が導入をし始めている。設置数としてはまだ十分な数ではないが，文部科学省（2014）による「大学における教育内容等の改革状況について」に関する調査では，平成24年度には53大学（6.9％）が，平成28年度では82大学（10.8％）の大学がライティングセンターを設置している。ライティングセンターでは，大学院生のチューターや専任の教職員が学習者のレ

ポートや論文等のライティングに関する相談を受け付けている。

　このように自律的な学習者の育成を目指し，学習者の単位取得や学びの質を向上させるため，大学は教育プログラム，学習相談の機会，教材，教育補助者を活用した学習支援を提供している。

　また学生の学びの質を深めるためには，正課と連動した学習支援を実施することが効果的だと指摘されている（Tinto 2004）。ただし，正課との結びつきを考慮した学習制御をどこまでするのかに関しては，各施設の設立や活用の目的に応じて異なるといえよう。現行では初年次教育や卒業論文の執筆に合わせて，正課外のライティング支援が活用されている事例は多い。ラーニング・コモンズを活用して，学生が培うべき力を身につけるためには，正課とどこまでの連携が必要になるのかを目的に応じて十分検討する必要がある。

　現在，ラーニング・コモンズでは，各施設の設立目的に応じて様々な学習支援が展開されており，教職員や学生スタッフがその支援にあたっている。とりわけラーニング・コモンズでは，学生をスタッフとして雇用したり，ボランティアとして登録したりして，学生を学習支援に参画させることが行われている。文部科学省（2010）も，変革する大学において求められる大学図書館像として，学習者の主体的な学習を支えるためには，教職員に加えて，大学院生や学部3，4年生が自らの経験に基づいて下級生を支援する体制を整備する必要性について言及しており，学生スタッフの貢献が期待されている。呑海・溝上（2011）は学生スタッフへの十分な研修，OJT，業務マニュアルの作成，対応する学生や業務に関する情報共有の仕組みを構築しておく必要があると指摘しており，学生スタッフの研修に関する研究知見も蓄積されつつある。ラーニング・コモンズで実施されている学習支援の研究についても今後の展開が期待される。

14.4　今後の課題，研究に対する展望

　ラーニング・コモンズに関する研究として，① ラーニング・コモンズの空間デザイン，② ラーニング・コモンズの利用動向や効果に関する研究，③ ア

クティブラーニング用の空間における授業実践の類型，④ラーニング・コモ
ンズにおける学習支援に関する研究を取り上げたが，これらの研究は，空間の
デザイン，学習者の学び，教員による教授法，学習者への支援といった多様で
学際的なアプローチによる研究が可能であるといえる。本章で紹介した研究は
教育工学分野に限らず，図書館分野や国語教育分野も取り上げていることから
もその多様性がうかがえる。今後は異なる分野の研究同士で共同研究をするこ
とで，さまざまな側面からラーニング・コモンズに関する研究知見を深めてい
くことが必要であると考える。

　また，各分野における調査研究は進みつつあるものの，我が国におけるラー
ニング・コモンズは導入の歴史が浅いこと，ならびにラーニング・コモンズの
形態が大学ごとに多様なスタイルを取っているという理由から（呑海・溝上
2015），現在は事例研究が多い状況にあるといえよう。分野の異なる研究者に
よりラーニング・コモンズにおける教育研究を進めることで，理論研究の推進
が期待される。

参考文献

Association of Research Libraries（研究図書館協会）
　　http://www.arl.org/focus-areas/space-facilities-services#.VbXFCvntmko（accessed 2019.08.01）
Beagle, D. R.（2006）*The Information Commons Handbook*, Neal-Schuman Pub.
中央教育審議会（2012）「新たな未来を築くための大学教育の質的転換に向けて〜生涯学び続け，主体的に考える力を育成する大学へ〜（答申）」
　　https://www.mext.go.jp/b_menu/shingi/chukyo/chukyo0/toushin/1325047.htm（accessed 2019.08.02）
呑海沙織・溝上千恵子（2011）「大学図書館におけるラーニング・コモンズの学生アシスタントの意義」『図書館界』63(2)：176-184.
呑海沙織・溝上千恵子（2015）「カナダの大学図書館における学習支援空間の歴史的変容」溝上千恵子編著『世界のラーニング・コモンズ』樹村房.
林一雅（2010）「ICT支援型ラーニングスペースにおける授業の類型化——東京大学アクティブラーニングスタジオの事例から」『日本教育工学会論文誌』34：113-116.
岩﨑千晶・川面きよ・村上正行（2018）「わが国におけるラーニングコモンズの評価動向に関する考察」『日本教育工学会論文誌』42(Suppl.)：157-160.
岩﨑千晶・川面きよ・遠海友紀・佐藤栄晃・村上正行（2019）「日本の4年制大学におけるラーニングコモンズの学習支援に関する悉皆調査」『日本教育工学会研究報告集』19

(1)：435-438.

国立大学図書館協会（2015）「ラーニング・コモンズの在り方に関する提言　実践事例普遍化小委員会報告」
http://www.janul.jp/j/projects/sftl/sftl201503a.pdf（accessed 2019.08.02）

美馬のゆり（2012）「学習環境デザインからみた教育工学」日本教育工学会監修，坂元昂・永野和男・岡本敏雄編著『教育工学選書1　教育工学とはどんな学問か．近接領域からみた教育工学』ミネルヴァ書房.

三根慎二（2012）「ラーニング・コモンズはどのように利用されているか──三重大学における事例調査」『三田図書館・情報学会研究 大会発表論文集』：25-28.

文部科学省（2010）「大学図書館の整備について（審議のまとめ）──変革する大学にあって求められる大学図書館像」
http://www.mext.go.jp/b_menu/shingi/gijyutu/gijyutu4/toushin/1301602.htm（accessed 2019.08.02）

文部科学省（2014）大学における教育内容等の改革状況について
http://www.mext.go.jp/a_menu/koutou/daigaku/04052801/__icsFiles/afieldfile/2015/03/26/1353488_1.pdf（accessed 2019.08.02）

文部科学省高等教育局専門教育課（2012）「高等教育の質の保証・向上に関する文部科学省の取り組み」『大学の質保証01，情報処理』53(7)：648-654.

Rings, S. & Sheets, R. A. (1991) Student development and metacognition : Foundations for tutor training, Journal of Developmental Education, 15(1) : 30-32.

Bennet, S. (2012)「高等教育における学習スペースの設計に当たって最初に問うべき質問」7章，加藤信也・小山憲司編訳『ラーニング・コモンズ──大学図書館の新しいかたち』勁草書房.

McMullen, S. (2008) US Academic Libraries: Today's Learning Commons Model
http://www.oecd.org/unitedstates/40051347.pdf（accessed 2019.08.02）

田中博之（2000）「学習環境」日本教育工学会編『日本教育工学事典』実教出版株式会社.

立石亜紀子（2012）「大学図書館における『場所としての図書館』の利用実態」三田図書館・情報学会『Library and information science』67：39-61.

Tinto, V. (2004) Student retention and graduation: Facing the truth, living with the consequences, *Pell Institute for the Study of Opportunity in Higher Education*, Occasional Paper 1 : 3-15.

山田政寛・橋洋平・香川文恵・岡部幸祐（2011）「図書館における協調学習空間と学習の情意面の関係に関する調査」『日本教育工学会論文誌』35(Suppl.)：53-56.

山内祐平（2010）『学びの空間が大学を変える』ボイックス.

山内祐平（2011）「ラーニングコモンズと学習支援」『情報の科学と技術』61(12)：478-482.

あ と が き

　本書は，大学教育の改善を目指した実践研究を授業改善，教員支援，組織改善と学習環境の構築の目的に分けて紹介し，教育工学分野における大学教育研究の今後の発展に資することを目指したものである。近年，大学の存在意義が問われることが増え，教育機関としての大学に期待される役割は年々大きくなってきている。その際に，学術的な観点から大学教育を捉え，設計・実践・改善していくことは重要であり，その中で教育工学が果たすべき役割は大きい。

　本書の執筆者たちは，実際に大学教育の設計や実践，改善に関わる研究者であり，教育者であり，教育・学習の支援者でもある。このような著者たちの研究を1冊にまとめることができたのは，大変よい機会となった。編者の力不足により，大幅に発行が遅れてしまったことを心からお詫び申しあげる次第である。

　2020年，新型コロナウィルス感染症（COVID-19）の拡大に伴い，ほとんどの大学が授業をオンラインで提供せざるを得なくなった。その際，多くの教育工学研究者たちがこれまでの研究知見を活かし，オンライン授業実施の支援をさまざまなレベルで行った。今後の大学教育のニューノーマルを考える上でも，オンライン授業やICTの活用を含めた新しい授業方法の開発に関する研究はより必要性を増すと言える。ICTの活用により得られたデータを活用し，大学全体の教育をどのように設計し，マネジメントしていくのか，どのように教育効果を検証していくのかを研究していくことも求められる。

　本書が，大学教育の設計や実践，改善を担っていく教育工学研究者の参考になること，教育工学分野における大学教育研究の発展に役立つことを心より願っている。

　末筆になりますが，編集作業の大幅な遅れにもかかわらず，ご寛容いただきましたミネルヴァ書房の浅井久仁人様，日本教育工学会の関係者の皆さまに深く感謝申し上げます。

村上正行・田口真奈

索　引
（＊は人名）

執筆者紹介 （執筆順，執筆担当）

村上 正行 （むらかみ・まさゆき，編著者，大阪大学全学教育推進機構教育学習支援部）序章，あとがき

田口 真奈 （たぐち・まな，編著者，京都大学高等教育研究開発推進センター）序章，あとがき

大山 牧子 （おおやま・まきこ，大阪大学全学教育推進機構教育学習支援部）第1章

舘野 泰一 （たての・よしかず，立教大学経営学部）第2章

森　朋 子 （もり・ともこ，桐蔭横浜大学教育研究開発機構）第3章

稲葉利江子 （いなば・りえこ，津田塾大学学芸学部）第4章

遠海 友紀 （えんかい・ゆうき，東北学院大学ラーニング・コモンズ）第5章

伏木田稚子 （ふしきだ・わかこ，東京都立大学大学教育センター）第6章

時任 隼平 （ときとう・じゅんぺい，関西学院大学高等教育推進センター）第7章

松河 秀哉 （まつかわ・ひでや，東北大学高度教養教育・学生支援機構）第8章

今野 文子 （こんの・ふみこ，元・東北大学高度教養教育・学生支援機構）第9章

杉原 真晃 （すぎはら・まさあき，聖心女子大学現代教養学部）第10章

江本 理恵 （えもと・りえ，岩手大学教育推進機構）第11章

松田 岳士 （まつだ・たけし，東京都立大学大学教育センター）第12章

重田 勝介 （しげた・かつすけ，北海道大学情報基盤センター）第13章

岩﨑 千晶 （いわさき・ちあき，関西大学教育推進部）第14章

教育工学選書Ⅱ第6巻
教育工学における大学教育研究

2020年11月10日　初版第1刷発行　　　　　　　〈検印省略〉

定価はカバーに
表示しています

編 著 者　　村　上　正　行
　　　　　　田　口　真　奈

発 行 者　　杉　田　啓　三

印 刷 者　　坂　本　喜　杏

発行所　株式会社　ミネルヴァ書房
607-8494　京都市山科区日ノ岡堤谷町1
電話代表　(075)581-5191番
振替口座　01020-0-8076番

ISBN 978-4-623-08390-9
Printed in Japan

学びを支える教育工学の展開

――――――山西潤一・赤堀侃司・大久保昇 編著　**A 5 判 184頁頁　本体 2600 円**

●広く教育に関わる方々を対象に，教育工学を勉強することによって，自らの教授技術を向上させることができるとか，質が高い教材や教育システムの開発に役立つとか，企業における教育訓練に役立つとか，生涯学習時代に対応した学びの支援，学習教材，学習環境，教授方法などの開発に役立つなど，幅広く事例を交えて紹介し，様々な分野の方に教育工学の魅力や面白さを伝える。

大学授業改善とインストラクショナルデザイン

――――――松田岳士・根本淳子・鈴木克明 編著　**A 5 判　176 頁　本体 2700 円**

●日本教育工学会が取り組んできた大学教員向けの授業デザインセミナーの成果を報告する。学会の研究領域の一つ「インストラクショナルデザイン (ID)」の研究知見を大学教育に応用し，その基礎概念を学ぶとともに，セミナー参加者が自らの授業についての改善アイディアを具体化することを目的とした。

教育工学論文執筆の要点

――――――清水康敬 著　**A 5 判　226頁　本体 2700 円**

●よりよい論文を書くために。学会の編集長を長く勤めた著者による，教育工学分野の研究を対象にして説明した「論文の書き方」。投稿論文の状況，特性を分析した結果を踏まえて，基本や要点を理解されやすいようまとめた。

――――――ミネルヴァ書房――――――

https://www.minervashobo.co.jp/